La Puissance des Pierres

Retrouvez-nous sur nos réseaux sociaux :

@editions.bussiere

@bussiere_editions

Pour plus d'informations, rendez-vous sur notre site web :

editions-bussiere.com

Pour contacter l'auteure ou suivre ses évènements :

maitemollapetot.com

Nouvelle édition de l'ouvrage « *La Puissance des Pierres* » – Mars 2014 – ISBN 978-2-85090-484-4

ISBN : 978-285090-850-7

Maïté Molla-Petot

La Puissance des Pierres

Éditions Bussière
34 rue Saint-Jacques
75005 Paris

De la même auteure

Chez le même éditeur :

Créez tous vos produits 100 % naturels, 2014
Les formidables vertus des Chlorures, 2015
Les formidables vertus du citron, 2015
Les formidables vertus des agrumes, 2016
L'interprétation des rêves, le monde archétypal, 2016
L'interprétation des contes, le monde archétypal, 2017
Harmonisation globale pour l'animal, 2017
Les Huiles végétales au quotidien, coécrit avec Karine Bessot, 2017
Alcools médicinaux et magiques, coécrit avec Quantin Lucchi, 2018
Guide de Naturopathie vétérinaire pour chiens et chats, coécrit avec le Dr Dominique Granjean, vétérinaire, 2019
Le Chamanisme en action, 2021

Chez d'autres éditeurs

Paroles sorcières, Edilivre, 2013 (poésie)
L'heure enfantine, Edilivre, 2016 (poésie)
Tu es une déesse, 2020, en téléchargement sur maitemollapetot.com

Préambule

Le but de cet ouvrage est de partager avec le plus grand nombre les découvertes qu'il m'a été donné de faire durant ces dix dernières années au contact des pierres que j'utilise, autant pour la guérison que dans d'autres domaines (feng-shui, éloignement de présences pathogènes, rituels divers...)

J'ai en effet souvent constaté (en présence de témoins, dans bien des cas) des effets répétés qui n'étaient jamais décrits dans aucun livre.

Je ne compte donc pas vous rabâcher après d'autres que la Turquoise soulage les maux de la sphère ORL (surtout s'il y a forte inflammation, fièvre), que l'aigue-marine aide la thyroïde à se réguler et que l'hématite soutient le foie et l'estomac en particulier, purifie le sang et soigne l'anémie. Toutes ces informations se trouvent facilement dans de nombreux livres sur la lithothérapie si ce n'est dans la totalité d'entre eux !

Je compte pour ma part vous parler de pierres quasiment inconnues (Carborandite et Moissanite, par exemple) et de propriétés rarement mentionnées, voire totalement ignorées, mais observées avec certitude en ce qui concerne des minéraux plus courants.

Alors que le Jaspe-picasso est une pierre des plus sacrées, le grand public n'a souvent pas même conscience de son existence ! Qui a entendu parler des bienfaits de la Malachite pour toutes les maladies dites « émergentes » telles l'autisme ou la fibromyalgie ? Combien d'ésotéristes et d'exorcistes amateurs ou confirmés savent que l'Oeil-de-Faucon n'a pas d'égal pour donner l'alerte à l'approche des esprits les plus malfaisants ?

Combien d'ouvrages mentionnent les liens existants entre les pierres et la médecine traditionnelle chinoise ? Entre les minéraux et les runes, cette antique écriture utilisée de nos jours notamment pour la divination ? À quoi peut bien servir l'Ivoire végétal, à part à la fabrication de beaux bijoux ?

Je vous invite à entrer dans les profondeurs de la terre, à sortir des sentiers battus et des livres qui se copient les uns les autres, à découvrir des secrets d'initiés et à poursuivre les recherches par vous-même ensuite !

Généralités

Un traitement par les pierres et cristaux ne peut remplacer celui prescrit par un médecin généraliste ou un spécialiste, il lui est complémentaire. Ce livre ne peut en aucun cas se substituer à une consultation qui restera évidemment nécessaire si vous êtes malade. Aucun traitement en cours ne doit être arrêté ou modifié sans l'avis du médecin qui l'a prescrit.

Les pierres peuvent-elles réellement aider à guérir ou agir dans d'autres types de situations ?

En un mot : oui ! Et elles sont efficaces dès l'origine, à l'état brut. Néanmoins, leurs propriétés peuvent être amplifiées en les consacrant.

Quel est leur mode d'action ? Ce n'est pas le but de cet ouvrage de développer cette question, mais disons simplement pour les néophytes que tout se passe grâce à leurs vibrations, à l'énergie dont elles sont porteuses et qui leur permet de rééquilibrer notre propre réseau énergétique ou notre environnement.

Cependant, chacun se doit d'approcher tout minéral avec le plus grand respect et avec intelligence.

Respect tout d'abord : on ne va pas acheter une pierre dans une boutique spécialisée pour ensuite la coller avec du sparadrap sur la partie du corps à soigner, puis la reléguer dans une boîte en plastique et l'y oublier pendant quelques années.

Nous vivons dans un monde coupé de la nature : même si vous faites des promenades en forêt régulièrement, que vous mangez bio et que vous avez adopté un chien, vous devez, comme la plupart des gens actuellement, avoir chez vous tout le confort moderne (voiture, frigo, ordinateur...). Moi aussi je profite de ce confort, mais ne nous leurrons pas, il est bien difficile d'entrer en relation étroite avec la nature dans ces conditions. Tenter d'utiliser les pierres pour guérir ou pour un autre usage, c'est s'avancer vers la nature, soumis, humble, venir lui demander quelques-uns de ses secrets et accepter les leçons qu'elle ne manquera pas de nous imposer.

Cette démarche implique aussi d'offrir de bonnes « conditions de vie » aux pierres, car sans cela, elles ne pourront rien pour vous, se videront de leur énergie et « mourront » (voir ci-après leur entretien).

Intelligence enfin : une Tourmaline minuscule ne peut vous protéger bien longtemps si vous travaillez toute la journée à côté d'une borne Wi-fi. Il faut choisir la taille et le nombre des pierres en fonction de la gravité du mal à traiter. Globalement, les gens les choisissent toujours beaucoup trop petites. Pourquoi ? Prix moins élevé (mais l'argent est de toute façon gaspillé puisque le but ne sera pas atteint) ? Facilité de rangement ?

Si vous courez les médecins pour tenter de soulager votre foie malade, mais que vous êtes très porté sur l'alcool, les confiseries et la cigarette, même le meilleur praticien au monde ne pourra rien pour vous. Si vous êtes aux prises avec des phénomènes de hantise dans votre maison, mais que vous invitez des amis toutes les semaines pour faire « tourner les tables », même le meilleur exorciste au monde ne pourra rien pour vous.

Alors, vous qui vous intéressez au monde minéral, retenez ceci : aide-toi et le ciel t'aidera ! Sans cela, aucun résultat dans aucun domaine, la nature ne donne pas aux tièdes !

Comment entretenir les pierres et métaux ?

Comme je l'ai précédemment signalé, il faut :

◊ Choisir judicieusement leur taille et leur nombre pour qu'ils puissent agir sans se détériorer.

◊ Les ranger dans un lieu adéquat : dans des boîtes en bois de préférence. Surtout ne jamais les mettre dans du plastique et éviter également le métal, car toutes les pierres ne s'accordent pas avec tous les métaux, cela vous conduirait donc à un véritable casse-tête. Mais évidemment, vous pouvez par exemple ranger, vos pépites de cuivre dans des boîtes en cuivre.

◊ Les entreposer loin de toute source d'ondes nocives (micro-ondes, ordinateur, Wi-fi, téléphone portable ou borne des téléphones sans fil, téléviseur...) Cela risque d'être compliqué dans certaines maisons, j'en ai bien conscience, mais c'est pourtant une règle à laquelle il est impossible de déroger. Les habitants en profiteront pour prendre conscience de la nocivité de leur environnement et arrêteront peut-être de se demander pourquoi ils sont malades à longueur de temps...

◊ Ne pas entasser des minéraux différents les uns sur les autres ; il faut plutôt les ranger dans des casiers séparés ou des boîtes espacées

◊ Leur éviter tout contact avec des produits chimiques (produit vaisselle par exemple) et des vêtements ou draps synthétiques.

◊ Les purifier, sinon ils saturent et ne peuvent plus servir. Quelques pierres sont capables d'autopurification, mais seulement dans une certaine mesure (une pierre trop petite, plongée dans un environnement trop néfaste, sera vite dépassée et incapable de s'autopurifier).

◊ Ne pas laisser les pierres en plein soleil, car beaucoup en perdraient leur couleur (l'améthyste et l'opale par exemple) et une partie de leur efficacité ! Ce ne sont pas des plantes, elles n'ont pas besoin de la lumière du jour, elles sont nées dans les profondeurs de la terre, dans l'obscurité la plus totale. Les rangements ne doivent donc pas recevoir directement les rayons et peuvent même être complètement opaques si vous le souhaitez. On lit assez souvent dans divers ouvrages qu'il est possible de purifier des minéraux en les laissant en plein soleil : c'est faux ! Cette erreur provient d'une confusion (que tous les auteurs et guérisseurs ne font pas, heureusement) entre la purification et une certaine forme d'activation. Le soleil est capable de transmettre l'énergie d'une plante ou d'une pierre au milieu dans lequel elle se trouve (eau, air, espace rituel délimité par un cercle, etc.). C'est ainsi que sont fabriqués les élixirs minéraux ou floraux comme les célèbres Fleurs de Bach notamment : par une exposition au soleil, dans un récipient d'eau de source. Si vous laissez une pierre en pleine lumière, derrière une vitre par exemple, la pièce dans laquelle elle se trouve sera emplie de ses vibrations. C'est un procédé que vous pouvez utiliser temporairement si vous voulez effectivement traiter un problème précis dans une pièce au moyen d'une pierre soigneusement sélectionnée, mais il faudra ensuite au minimum laisser cette pierre au repos, voire lui faire subir un véritable processus de purification comme ceux décrits ci-après si elle s'est trop déchargée en énergie ou si elle a été agressée par des vibrations pathogènes. Donc, ne comptez pas aider vos minéraux en les exposant dans votre véranda ! De plus, s'ils ne sont pas purifiés au préalable, ils émettront les énergies négatives dont ils sont chargés dans toute la pièce qui les entoure ! Exposer une ou plusieurs pierres derrière une surface vitrée relève de solides connaissances en énergétique.

La purification : quand et comment ?

Pour les pierres et métaux qui servent occasionnellement, faites une purification après chaque usage en les passant quelques dizaines de secondes sous l'eau fraîche courante (un ruisseau non pollué est idéal, mais à défaut l'eau du robinet fera l'affaire). Ne vous lancez pas dans des protocoles de purification plus compliqués que si l'eau courante semble ne pas suffire.

Pour les minéraux portés chaque jour, passez-les sous l'eau – comme indiqué ci-dessus – chaque fin de journée et, si possible, ne les portez pas la nuit (ou alternez avec une autre pierre ou un autre métal du même genre) pour qu'ils puissent se régénérer pleinement. Si la taille de la pierre a été bien choisie et qu'elle n'est pas au contact de textiles synthétiques, nul besoin d'en faire davantage ; vous pourrez passer toute votre vie avec la même pierre sur vous.

Quand vous ne vous servez pas de vos pierres, faites une purification à l'eau courante de temps en temps (évitez que la poussière s'accumule sur elles, car cela peut perturber leur fonctionnement). Si les conditions de rangement sont bonnes, vos minéraux s'entretiendront tout seuls ! Les pierres ne doivent pas être nettoyées avec autre chose que de l'eau, même pas avec des produits naturels (vinaigre, sel...). Les métaux peuvent être nettoyés occasionnellement au bicarbonate de soude, au savon noir ou avec d'autres produits naturels.

Maintenant, que faire si la purification simple ne suffit pas ? Les pierres deviennent ternes, parfois même elles se fissurent, s'effritent sans qu'on les touche ou sont victimes d'étranges phénomènes. Il m'a été donné de voir une fois une sphère d'améthyste qui se cernait de cuivre depuis qu'elle était arrivée dans une maison hantée ! Le Cuivre a disparu quand la pierre a été déterrée après quelques jours du traitement suivant :

◊ 3 jours plongée dans un récipient d'eau en verre incolore,

◊ 3 jours enfouie dans la terre (un pot de terre peut suffire si vous n'avez pas de jardin et le pot en question doit être en terre cuite idéalement, en pierre à la rigueur et jamais en plastique),

◊ puis passage très rapide à travers la flamme d'une bougie, blanche de préférence. Attention de ne pas passer les pierres qui s'effritent facilement à travers le feu (talc, turquoise brute...) sinon elles risquent de tomber en miettes ! Ne le faites pas non plus avec l'ambre, l'opale, les perles ou le corail qui s'abîment au contact de cet élément ni avec le soufre et le cinabre qui sont inflammables ! Pour toutes les pierres fragiles, se reporter aux explications ci-après.

Appliquez également ce traitement pour les pierres qui ont subi de grandes tensions (maladie grave, exorcisme...) ou qui ont été portées par d'autres personnes (cadeau, héritage, prêt à un ami...) ainsi que pour celles que vous venez d'acquérir.

Entre le court passage sous l'eau et le protocole complexe décrit ci-avant, il existe un intermédiaire : laissez les pierres dans un bol d'eau pendant 24 heures ou un peu plus (changez l'eau toutes les 24 à 48 h). Ne mettez qu'une pierre par récipient et prenez garde à ce que celui-ci soit en bois non traité, sans vernis ou en verre non coloré (pour la surface intérieure au moins). Ne les exposez pas au soleil : il s'agit ici de laisser les minéraux au repos et non de fabriquer un élixir, ne confondez pas les deux procédés, c'est important. Si l'état des pierres ne s'améliore pas au bout d'une semaine environ, passez à la purification par la terre (au moins 3 jours) puis par le feu comme expliqué ci-avant.

Attention : certains minéraux comme la sélénite, le sel gemme ou la stéatite (talc) sont hydrosolubles, il ne faut donc surtout pas les laisser dans des récipients d'eau ! À la rigueur, on peut les nettoyer très rapidement sous un mince filet d'eau pour enlever la poussière et les sécher doucement avec un linge en coton. Pour les purifier, il est plus commode de les placer dans des géodes (se reporter aux explications ci-après) ou sur des pierres dotées de propriétés régénératrices : labradorite, cristal de roche, agate noire... Nous approfondirons cela plus loin dans les chapitres qui leur sont consacrés.

Les pierres les plus fragiles, friables ou stratifiées (turquoise brute, mica...) devront aussi être purifiées grâce à cette méthode préférentiellement à toute autre. Dans certains cas, la pierre purificatrice devra être elle-même purifiée ensuite (par le procédé eau, terre et feu).

À l'opposé, certains minéraux ne peuvent pas se passer d'eau. Ainsi, l'opale (qui peut contenir jusqu'à 30 % de ce précieux liquide), le corail et les perles doivent absolument et régulièrement être hydratés, dans de l'eau de source pour la première et dans de l'eau de mer pour les deux autres si possible. Si vous n'habitez pas au bord de l'océan, ne salez pas artificiellement de l'eau douce car cela abîmerait les pierres au lieu de les revigorer ! Contentez-vous de l'eau de source ou au moins de celle du robinet.

D'autres méthodes de purification ont également fait leurs preuves :

◊ Purifiez les pierres et métaux en ayant recours à un praticien reiki (méthode de soin énergétique d'origine japonaise), à un magnétiseur ou à tout autre thérapeute travaillant dans cette voie par la tradition à laquelle il se rattache.

◊ Mettez les pierres dans une géode de grande taille pendant au moins une douzaine d'heures (déconseillé aux métaux). Les géodes ont rarement besoin d'être elles-mêmes purifiées. Débarrassez-les de la poussière en les passant sous l'eau de temps à autre, cela suffira.

◊ Vous pouvez également les entreposer quelque temps dans une caverne (mais tout le monde n'a bien-sûr pas une caverne naturelle à portée de main...).

◊ Faites tinter un bol tibétain ou une cloche tibétaine à proximité des pierres au moins une fois par jour. Certains préconisent de les mettre à l'intérieur du bol lorsqu'on le fait chanter, mais ce n'est pas obligatoire, d'ailleurs les pierres trop volumineuses n'y rentreraient peut-être pas, alors ne vous obligez pas à acheter toutes les tailles de bols tibétains !

Les exceptions

Il existe toutefois quelques exceptions. Les minéraux suivants ne peuvent pas être purifiés dans une géode à moins qu'elle ne contienne naturellement des cristaux de leur espèce minérale. Les autres géodes ne leur sont d'aucune utilité et s'abîmeraient à leur contact. Il s'agit du soufre, du cinabre, de la vanadinite et de tous les minéraux très métalliques tels que l'hématite, la pyrite et la chalcopyrite, le boji, la cassitérite, la magnétite (à ne pas confondre avec la

Une géode est une pierre creuse dont la cavité est couverte de cristaux. Ici, une pierre de soleil naturelle (héliolite) est en purification dans une géode de cristal de roche.

Géode d'améthyste d'environ un mètre de haut.

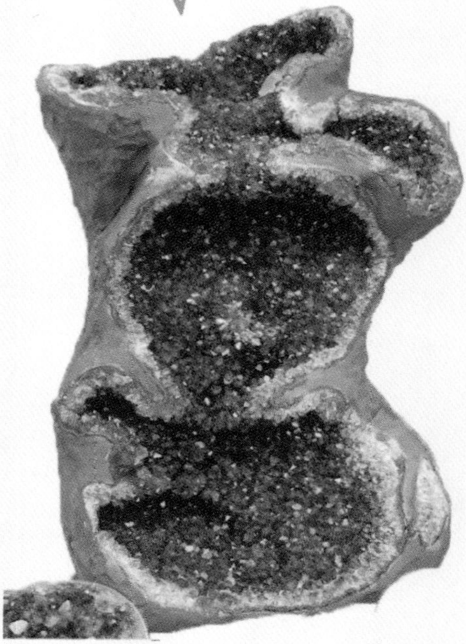

magnésite : une seule lettre de différence, mais rien à voir), la marcassite, les météorites, la nickéline...

Pour un soin optimal, il faut veiller à ne déposer qu'une seule espèce minérale à la fois : on peut par exemple purifier en même temps dans une même géode quelques opales, mais pas une opale, une citrine et une Malachite.

Il ne faut pas non plus que la cavité déborde. Pensez à adapter le nombre de pierres à la taille de la poche ! Ce n'est pas la peine non plus d'y mettre systématiquement vos minéraux s'ils se portent bien, car ils n'en tireraient aucune utilité et la géode ne doit pas être continuellement sollicitée.

Par ailleurs, si vous désirez fabriquer vos propres élixirs minéraux (voir le chapitre sur la malachite pour plus de détails), sachez qu'au lieu de mettre un cristal dans l'eau que vous utiliserez ensuite, vous pouvez remplir une géode appartenant à la même espèce minérale avec de l'eau de source et la boire. Cette méthode est beaucoup plus efficace, mais aussi plus coûteuse compte tenu du prix de ces merveilles.

À savoir également :

◊ Si vous devez porter des minéraux à même la peau, ne les collez pas directement avec du sparadrap. Protégez-les d'abord dans un petit sac en coton ou en lin puis collez ce sac avec l'adhésif ou le système de votre choix.

◊ Faites également attention aux laques, fonds de teint, crèmes et parfums dont vous imbibez vos cheveux et votre peau, ils abîment les minéraux (l'ambre, en particulier, n'y survit pas longtemps). Si vous pensez offrir des conditions de vie idéales à vos pierres et que, malgré vos efforts et votre attention, elles dépérissent, c'est qu'il y a un grave problème avec votre organisme (produits de beauté, acidité de votre peau, intoxication aux métaux lourds par exemple si vous avez des amalgames dentaires...) ou avec votre lieu de vie (faites alors appel à des professionnels pour harmoniser votre habitat).

◊ S'il s'agit de bijoux, évitez autant que possible les pierres percées ou collées. La plupart résistent à ces traitements (un temps du moins), mais perdent tout de même en efficacité. Préférez les pierres enchâssées ou mettez-les dans des pendentifs porte-pierres.

◊ Ne recollez pas une pierre brisée, utilisez la purification dans l'eau, la terre et le feu décrite plus haut et faites-vous à l'idée que vous avez maintenant plusieurs pierres pour le prix d'une.

◊ Si une pierre se révèle trop abîmée, inutilisable et qu'aucun type de purification n'arrive à la raviver, enterrez-la définitivement dans un endroit tranquille, rendez-la à la terre. Ne la jetez pas à la poubelle !

◊ Pour faire porter un minéral quelconque à un animal, nul besoin de raser celui-ci ! Contentez-vous de trouver un système d'accroche (à son collier par exemple). Les poils n'entravent pas du tout l'action souhaitée, au contraire ils conduisent l'information vibratoire directement au cœur du système énergétique via les méridiens du corps ! Ce sont de véritables « fibres optiques naturelles ».

Pendentif porte-pierre, aussi appelé cage à pierre ou boule ressort

Que penser des traitements visant à augmenter le pouvoir des pierres ?

Consécration et autres rituels

La consécration la plus simple consiste à tenir la pierre dans sa main ouverte, paume tournée vers le ciel, et à penser mentalement au but à atteindre en visualisant la pierre débordant d'énergie et faisant son œuvre. Par ailleurs, vous entrez ainsi en étroite relation avec elle, vous vous adoptez mutuellement si l'on peut dire, vous vous harmonisez. Sans cela, une barrière risque de se créer entre vous et le travail ne pourra pas se faire.

Si un jour vous décidez de vous séparer d'elle, n'oubliez pas de lui faire subir le protocole complet de purification pour que le propriétaire suivant puisse l'utiliser sans entraves !

Il existe aussi des rituels magiques plus ou moins élaborés visant au même but. Vous en trouverez des tas dans les ouvrages spécialisés. Je ne développerai pas ce point ici, d'autres l'ont déjà fait avant moi.

Il arrive que des personnes de confession chrétienne fassent bénir leurs minéraux... Il n'existe vraiment pas de règle fixe et absolue en la matière.

Une consécration très élaborée n'est pas obligatoire si vous vous bornez à la lithothérapie ou à l'harmonisation de votre habitat (en tout cas si vous ne vivez pas dans un lieu où se déroulent des phénomènes de hantise). À chacun de choisir s'il veut y recourir et de sélectionner celle qui correspond à sa tradition. Pensez déjà à purifier vos minéraux des ondes dans lesquelles ils ont baigné pendant les transactions dont ils ont été l'objet (codes-barres sur les sachets qu'achètent les grossistes, énergie des nombreuses personnes qui les ont manipulés, etc.) et à les « adopter », ce sera bien. Cela leur rendra la capacité de faire leur travail, de vous guérir efficacement.

Autres traitements

C'est à la mode, l'être humain ne peut visiblement pas s'empêcher de vouloir améliorer la nature, de la modeler à son image au lieu de se mettre à son niveau et de se changer, lui, pour être sur la même longueur d'onde que les minéraux dont il veut se servir ! Respect et intelligence non, technologie, oui. On fabrique des pierres de toutes pièces (la fausse pierre de soleil par exemple), on en colore d'autres artificiellement (les agates notamment), on les chauffe pour faire apparaître certains motifs, on les irradie pour les foncer (faux quartz fumés presque noirs), etc.

Pour ma part, je ressens des vibrations très perturbées face à la plupart de ces pierres, je doute très sérieusement de leur efficacité et je ne suis pas la seule, mais ce n'est peut-être qu'une réaction tout à fait personnelle... Je ne peux malgré tout m'empêcher de vous inciter à la plus grande prudence si vous comptez les utiliser.

C'est un peu comme avec la cigarette : vous savez que fumer tue, mais vous pouvez quand même devenir fumeur, c'est votre choix. Certains pensent que le tabac les protège des maladies, car lorsqu'ils tentent d'arrêter ils tombent facilement malades, mais ce n'est qu'une illusion. La cigarette ne protège personne, elle change simplement la fréquence vibratoire du fumeur et lorsque celui-ci décide d'arrêter, le corps lutte pour se détoxiquer et, en plus, il rame pour retrouver son taux vibratoire qui a été gravement perturbé. Peut-être qu'en fumant vous n'aviez pas de rhume tous les mois, mais vous auriez eu le cancer, ce qui n'est pas franchement mieux, vous en conviendrez...

Le rapport avec les minéraux irradiés ou chauffés ? C'est exactement la même chose. Vous trouverez toujours une personne pour vous dire que son quartz chauffé et recouvert de chrome l'a aidé à faire diminuer son diabète, mais je ne vous raconte pas à quoi ressemble le foie de cette personne ! Autant d'ennuis qu'elle ne voit pas venir, mais que n'importe quel être humain un tant soit peu sensitif détecte instantanément. Quand je lis des ouvrages dans lesquels de soi-disant thérapeutes recommandent l'usage de ces pierres (même chez les enfants !), j'ai les poils qui se hérissent...

Pierre de soleil de synthèse

L'agate noire

L'agate est un mélange naturel de quartz, de calcédoine et d'opale incolore. Elle est le plus souvent blanche, bleu clair ou en nuances d'orange, de jaune et de brun. Le vert ou le bleu foncé sont rares à l'état naturel ; la plupart du temps, ces teintes (et d'autres comme le rose fuchsia) sont obtenues artificiellement en colorant les agates, ce qui les rend, au passage, inefficaces.

Il existe néanmoins des agates noires naturelles, et cela, très peu de livres le mentionnent. Elles ne doivent pas être confondues avec l'onyx qui est une pure calcédoine noire, sans mélange et donc sans « bandes blanches et transparentes » (bandes d'inclusion de quartz et d'opale). La différence peut paraître minime, mais suffit néanmoins à faire différer les propriétés ! Les commerçants ont bien souvent du mal à faire eux-mêmes la distinction entre ces deux minéraux et vendent parfois l'un pour l'autre...

Sous n'importe quelle forme (brute ou polie, géode ou non), les agates noires ont le pouvoir de repousser les esprits malfaisants. Elles peuvent être utilisées dans les rituels les plus puissants, là où d'autres pierres comme l'œil-de-tigre par exemple seraient trop faibles.

On s'en sert donc dans les exorcismes ou pour se protéger dans n'importe quelle cérémonie de magie blanche (déposer une agate noire sur l'autel par exemple).

On peut la garder chez soi ou la porter de façon préventive. L'avantage de l'agate noire, contrairement à l'obsidienne qui a ces propriétés en commun avec elle, c'est qu'elle est efficace, mais douce. Son pouvoir s'installe et s'amplifie peu à peu avec le temps. Elle convient également aux plus jeunes : un enfant ou même un bébé qui présenterait des capacités médiumniques peut s'endormir tranquillement avec une agate noire dans son berceau. Cela se rencontre rarement chez une pierre aussi puissante. Les animaux tolèrent également très bien l'agate noire en général pour les protéger s'ils vivent dans une maison hantée par exemple ou lors de certains rituels lorsqu'ils se trouvent dans la même pièce que les officiants (néanmoins, il faut toujours faire son possible pour éloigner les enfants et les animaux dans ce genre de cas).

L'autre grande propriété de cette pierre est son pouvoir régénérant lorsqu'elle se présente sous forme de géode, même minuscule. Je vous parlais dans les généralités des minéraux fragiles, stratifiés, friables ou hydrosolubles qui ne peuvent être purifiés et rechargés qu'en étant placés sur d'autres pierres : l'agate noire est l'une de ces pierres exceptionnelles.

Saphir en cours de purification sur la face non polie, juste au-dessus de la toute petite géode

Lapis-lazuli en cours de purification sur la face polie d'une agate noire, où n'apparaît pas la géode

Les minéraux qui en ont besoin, qu'ils soient fragiles ou pas, peuvent être placés indifféremment au centre d'une géode de grande taille ou sur l'une des faces (polie ou non) d'un spécimen contenant une petite géode et y rester tout le temps qu'il faudra (voir les photographies).

Tout cela combiné fait de la géode d'agate noire une très bonne alliée pour pratiquer les « mises à la terre », c'est-à-dire, pour ceux qui ne connaîtraient pas l'expression, faire disparaître tout résidu d'énergie magique dans la pièce après la fin d'un rituel quelconque (ou annuler la consécration d'un objet). Il faut systématiquement faire une mise à la terre sinon les énergies résiduelles s'accumulent, se mélangent et cela devient néfaste, voire même dangereux. C'est un peu comme la nourriture que vous avalez et qui est bonne pour vous, mais il ne faut pas laisser des traces d'aliments moisir sur le bord de vos casseroles, sinon gare aux bactéries !

Il existe différentes façons de procéder selon la tradition à laquelle on appartient, toutefois, afin d'éclairer ceux qui ne voient vraiment pas de quoi je parle, je vais vous donner un exemple. Posez la géode à l'endroit du rituel ou sur l'objet (ou mettre une photo en son centre) puis dire à haute voix : *« Ma force est dans le nom de l'Un. Que ma volonté s'accomplisse devant lui. J'exècre tout venin de toi, je te réduis à la matière première, je te rends à la terre et t'expose au monde profane. Ainsi soit-il. »*

Ce n'est qu'une possibilité parmi d'autres évidemment...

J'ajouterai pour clore ce chapitre que toute agate possédant une géode se trouve renforcée et qu'il n'y a donc pas besoin de la purifier en général.

Par exemple, cette petite agate-arbre, qui soutient la circulation lymphatique et aide à se débarrasser des infections, porte fièrement une magnifique géode d'à peine un centimètre de diamètre, ce qui est suffisant pour qu'elle s'entretienne toute seule jusqu'à présent. Un vrai plus !

Agate-arbre avec géode sur l'une de ses arêtes.

L'aragonite

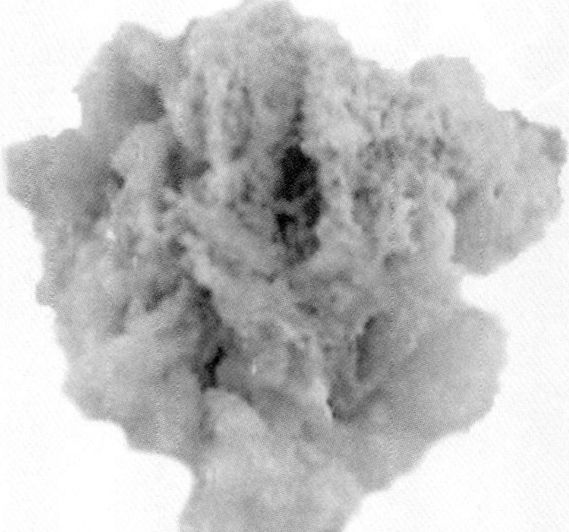

Les aragonites sont la plupart du temps brunes ou blanches.

Nous nous intéresserons ici aux variétés bleues et vertes, qui sont celles pour lesquelles je possède quelques informations et idées d'emploi inédites.

Si je devais choisir deux mots pour qualifier ces pierres je dirais : apaisantes et « centrantes ». Tenir ou simplement regarder une aragonite procure immédiatement un profond apaisement accompagné d'une joie tranquille. C'est pourquoi elle favorise la bonne entente au sein des équipes (de travail, de sport...).

De plus, elle aide au bon développement et à l'entretien de la colonne vertébrale (os et muscles). Pour toutes ces raisons, il devrait être quasiment obligatoire d'en avoir une dans les endroits où l'on pratique le yoga ou les arts martiaux !

Elle convient aussi extraordinairement bien aux enfants auxquels elle apporte une croissance harmonieuse dans la douceur de vivre. Elle les aide aussi à renforcer le méridien du poumon et celui du rein, qui ne sont pas encore pleinement développés chez les plus jeunes (pour ceux qui l'ignoreraient, les méridiens sont les lignes d'énergie du corps humain ou animal, sur lesquelles se situent les points d'acupuncture).

C'est une pierre que les adultes devraient offrir lors des baptêmes ou rites équivalents dans les autres religions pour que nos chères têtes blondes grandissent sans soucis ! Ces mêmes adultes gagneraient également à posséder une aragonite verte ou bleu clair qui leur permettrait de guérir les blessures de leur propre enfance...

Il n'est jamais trop tard pour se procurer son aragonite !

Souvenez-vous : la pierre des enfants et des équipes !

La calcite optique

Aussi appelée spath d'Islande, la calcite appartient à la même famille que l'aragonite : la famille des Carbonates de Calcium. Pour plus de détails sur ce point, reportez-vous au chapitre sur la septaria un peu plus loin.

Globalement, les calcites, indépendamment de leur couleur, sont apaisantes, renforcent le mental et soutiennent le système musculo-squelettique. Tous les ouvrages de lithothérapie vous renseigneront sur leurs caractéristiques.

Nous allons nous intéresser à une variété particulière : la calcite optique. L'arrangement de ses molécules lors de sa formation lui confère la propriété de biréfringence, c'est-à-dire, comme cela se voit sur la photographie suivante, que les rayons lumineux se dédoublent et le texte où la photo apparaît alors en deux exemplaires.

Le mot « calcite » écrit sur la feuille de papier sur lequel ce spath d'Islande incolore est posé apparaît en double.

Mais il n'y a pas que les ondes de la lumière visible qui subissent ce phénomène c'est pourquoi la calcite optique est un amplificateur de toutes les énergies positives. Quelques praticiens reiki et d'autres personnes s'adonnant à la guérison à distance, posent une calcite optique sur la photo du patient ou du lieu à traiter pendant qu'ils appliquent le protocole classique qu'on leur a enseigné. Cette simple astuce augmente considérablement l'efficacité du rituel.

Certains malades disposent autour de leur lit ou de leur propriété plusieurs calcites optiques, en formant un cercle si possible. Toutes les pierres n'ont pas besoin de se toucher (il en faudrait un trop grand nombre), elles peuvent être espacées selon leur taille et leur puissance de 50 centimètres environ à deux ou trois mètres. Le cercle doit de préférence être mis en place en tournant dans le sens des aiguilles d'une montre, mais ce n'est pas une obligation. Cette façon de procéder convient également aux plantes, aux animaux, aux enfants, aux femmes enceintes, etc. Elle ne présente aucun danger !

La calcite optique dissipe toute stagnation pathogène d'énergie dans n'importe quel méridien du corps et lutte donc contre les migraines, les inflammations, les cancers, un grand nombre de handicaps mentaux si ce n'est tous, etc. Si on ne peut pas faire de cercle, il est toujours possible d'en porter une, de la mettre sous son oreiller, sur sa table de nuit... Toutes les idées sont les bienvenues du moment que cela ne nuit pas à la pierre.

Toute maladie peut donc s'améliorer au contact de la calcite optique qui permet de renforcer l'état général de l'organisme et d'augmenter le bénéfice des autres thérapies allopathiques et/ou alternatives ainsi que la portée des éventuels autres minéraux utilisés pour guérir. Mais, comme la calcite classique est bénéfique au squelette et au calme mental, la calcite optique est encore plus puissante dans ces domaines.

Si une personne a, par exemple, des problèmes de calcification (fracture, ostéoporose, etc.) et que la howlite ou la calcite semblent ne pas suffire, elle peut rajouter ou les remplacer par une calcite optique. Si les conditions de vie sont saines et que le malade a un traitement médical bien adapté, il est impossible de ne pas obtenir au minimum une amélioration !

Le spath d'Islande, quelle que soit la teinte, est également roi pour augmenter la mémoire et le discernement, clarifier et calmer l'esprit. Mais les couleurs ont malgré tout une influence : la calcite optique incolore est la meilleure pour clarifier les pensées lorsqu'elles sont embuées après avoir fourni un travail intellectuel intense ou à cause de la prise de médicaments. Elle intensifie beaucoup la capacité de discernement et il paraît que c'est celle qui règle le plus efficacement les problèmes osseux.

Les variétés miel/orange et jaune sont les plus calmantes. Elles donnent confiance en soi et agissent particulièrement sur la santé des dents. Ce sont aussi celles qui ont en général la préférence des enfants lorsqu'on leur demande de choisir spontanément une couleur de spath d'Islande.

La calcite optique bleutée est souveraine pour augmenter la mémoire ainsi que le discernement elle aussi. Elle débloque la parole, donne la force de s'exprimer.

Les spécimens vert clair (il n'existe pas de teinte très foncée dans le cas de la calcite optique, sinon on ne verrait pas au travers) sont bénéfiques dans toute affection due à un trouble hépatique et favorisent par ailleurs le lâcher-prise et l'abandon des vieux schémas, des attitudes et pensées obsolètes.

Le spath d'Islande violacé (l'un des plus rares : beaucoup de ceux que l'on trouve dans le commerce sont des faux, teintés artificiellement) calme l'hyperactivité ainsi que de nombreux cas de stress, d'angoisse, de dépression, etc. Mais ses principales spécificités sont d'aider au processus de deuil et de fortifier la foi, l'espoir. Il peut augmenter les dons psychiques de son possesseur (télépathie par exemple).

La calcite optique rose est la plus efficace pour tous troubles cardiaques. Elle favorise l'acceptation et le pardon, tout en aidant à libérer les émotions que l'on ne veut ou ne peut pas exprimer (tristesse, peur...).

Tous les spaths d'Islande sont très prisés des gens qui tentent de réharmoniser leur habitat, notamment par la pratique du feng-shui (technique d'origine chinoise visant à agencer correctement les habitations et lieux de vie quelconques pour y établir une bonne circulation énergétique).

Pour votre culture générale, sachez que la calcite optique était, il y a plusieurs siècles, la pierre de navigation des Vikings. Grâce à elle, à la façon dont elle polarisait la lumière solaire et à de savants calculs, ils arrivaient à déterminer à quelle latitude ils se trouvaient et se dirigeaient sans boussole sur les mers et les océans ! Ils la nommaient à cause de cela « pierre de soleil », ce qui n'a rien à voir avec celle que l'on appelle ainsi de nos jours (l'héliolite) qui est en fait un feldspath orange et scintillant (vous en avez un exemple, pris en photo dans une géode, au début de ce livre).

La carborandite et la moissanite

Chimiquement parlant, il s'agit de carbure de silicium (SiC) dans les deux cas.

La carborandite (aussi appelée carborundum) est obtenue artificiellement par le chauffage à environ 1200 °C d'un mélange de carbone et de silice.

La forme naturelle est appelée moissanite, mais est extrêmement rare, à tel point que personne n'a encore pu en étudier les vertus au niveau vibratoire.

Pour démêler tout cela, faisons un peu d'histoire : la carborandite a été obtenue pour la première fois par erreur au XIXe siècle. Son inventeur était à la recherche d'une façon de fabriquer des diamants ! Sa production fut maintenue en raison de certaines de ses propriétés physiques qui permettent son emploi dans divers domaines technologiques (en électronique par exemple).

Pendant très longtemps, les scientifiques ont pensé que ce carbure de silicium ne pouvait pas exister à l'état naturel. Pourtant, au tout début du XXe siècle, un chimiste français nommé Henri Moissan en découvrit dans une météorite (c'est pourquoi la forme naturelle est appelée moissanite pour la différencier de la carborandite artificielle). Au cours des décennies suivantes, plusieurs chercheurs en trouvèrent à l'état d'inclusion dans des cristaux comme le diamant par exemple.

Les mécanismes qui conduisent à la formation de la moissanite restent pour l'instant inconnus. On a longtemps pensé qu'aucun endroit du globe terrestre n'apportait de conditions favorables à la formation de cette pierre et pourtant elle existe ! Le mystère demeure entier.

Attention ! Il existe des pierres vendues sous le nom de moissanite en bijouterie, qui sont en fait des carborandites (le plus souvent incolores ou légèrement teintées), des carbures de silicium artificiels, des attrape-touristes si vous préférez ! La moissanite est tellement rare que son prix est exorbitant et qu'elle est réservée exclusivement aux études scientifiques, c'est pourquoi nous ignorons ses propriétés thérapeutiques et ésotériques éventuelles.

Maintenant, que penser de la carborandite, par ailleurs assez facile à se procurer ? Pour commencer, bien qu'elle soit artificielle, une bonne surprise attend son possesseur : la carborandite ne semble pas perturber les minéraux que l'on range à ses côtés, contrairement à beaucoup de pierres synthétiques ou modifiées (surtout celles que l'on irradie ou que l'on chauffe).

Elle dégage une légère énergie, mais se révèle être très fragile (effritement). Dans son cas, il faut donc utiliser exclusivement la méthode de recharge par contact avec d'autres pierres ! À la rigueur, on peut la passer un peu sous l'eau courante et la laisser sécher, mais pas plus.

Elle est utilisée en méditation : elle possède toutes les couleurs de l'arc-en-ciel et le noir, ce qui lui permet d'unir le corps physique et les corps subtils. Elle favorise effectivement la relaxation et peut même induire des sorties hors du corps chez les personnes prédisposées.

Certains ont avancé que la carborandite pouvait servir de protectrice des corps subtils (de l'aura) un peu comme le fait la labradorite, mais au vu de la faible quantité d'énergie qu'elle dégage en général, je conseille au lecteur d'utiliser d'autres pierres possédant la même propriété.

Je n'ai jamais observé d'effet réellement marqué au niveau du corps physique, pour un quelconque problème (maladie ou autre).

Que conclure ? Hormis le ravissement que la carborandite procure à la vue, elle ne présente pas vraiment de réel intérêt, ses effets restant « superficiels ». D'autres pierres remplissent, bien plus puissamment qu'elle, tous les rôles que l'on peut lui attribuer. J'avance l'hypothèse que cela vient du fait qu'elle ne s'est pas chargée dans les entrailles de la Terre, on sent donc une sorte de potentiel à son contact, mais aucun traitement ne semble pouvoir le révéler.

La chalcopyrite

C'est la pierre qui permet de garder les pieds sur terre. Son travail c'est de vous aider à faire le vôtre ! La chalcopyrite apporte un ancrage solide à la réalité, au monde d'ici-bas, mais sans tomber dans l'athéisme. Elle permet, comme nulle autre, d'équilibrer tâches quotidiennes et spiritualité.

C'est la pierre idéale pour les chercheurs, les observateurs (du ciel, de la vie, de toute chose), les expérimentateurs : elle renforce le pragmatisme et la pensée scientifique, mais sans rendre l'esprit obtus. Elle harmonise intuition et création avec pensée logique et analyse. De quoi faire de grandes découvertes !

Au vu de la barbarie régnant actuellement dans les laboratoires d'expérimentation animale, il faudrait introduire des chalcopyrites dans toutes les pièces pour faire revenir les animaliers à plus de compassion et les obliger à avancer par d'autres moyens...

La chalcopyrite est à offrir aux chercheurs, aux personnes voulant améliorer leur rapport à leur travail, l'amour de leur métier et aussi à ceux qui sont très (trop) portés sur leur religion, quelle qu'elle soit : effet anti-fanatisme garanti !

Une superstition assez répandue veut que la chalcopyrite permette de retrouver les objets perdus. Cela provient-il d'un effet sur la concentration (en nous sortant de nos rêveries, elle ferait revenir notre mémoire et nous nous souviendrions de l'endroit où l'objet a été entreposé), ou n'est-ce qu'une croyance sans fondement ? Ou encore faudrait-il ajouter l'une de ces pierres sur l'autel, lors des rituels visant à retrouver des objets pour augmenter leur efficacité ? Serait-elle l'amie des radiesthésistes ? J'avoue ne pas avoir testé...

Au niveau physique elle peut guérir les affections cérébrales.

La cyanite

Cyanite, aussi appelée disthène. Pour obtenir les effets décrits ci-dessous, privilégiez les variétés bleues (pour les néophytes) ou noires (réservées aux experts).

À un niveau physique, elle a une action rafraîchissante (notamment en ce qui concerne la peau) et peut donc diminuer les inflammations, mais ce n'est pas la pierre la plus efficace dans cette catégorie.

Elle possède également des qualités indéniables dans le domaine de la détoxication et, allez savoir pourquoi, réagit particulièrement bien à tout ce qui concerne les mains. Des thérapeutes n'hésitent donc pas à la conseiller dans les cas de maladie de Parkinson.

La cyanite vous étonnera surtout dans la purification des méridiens afin d'entrer en relation avec l'Invisible, par claire-voyance ou claire-audience. Il faut alors suivre le trajet des méridiens avec la pointe de la cyanite en s'arrêtant un peu plus longtemps sur certains points (centre des mains, troisième œil et sommet de la tête notamment). Si on ne peut le faire soi-même, il faut demander l'aide d'un lithothérapeute ou un praticien reiki par exemple.

Dans ce cas, la cyanite est rarement utilisée seule, mais fait partie d'un rituel plus complexe durant lequel on s'abstient notamment de sexualité et d'ingestion de viande et de poisson (certains vont même jusqu'à jeûner). Deux précisions à ce sujet : premièrement, je ne décrirai pas ce type de préparation ici, car il vaut mieux procéder sous la conduite d'un maître ayant déjà beaucoup pratiqué. Deuxièmement, s'il faut se passer de sexe, ce n'est pas, comme le croient certains, parce qu'il s'agit d'un péché ou d'un acte impur, mais parce que l'énergie de la kundalini logée dans le périnée doit rester disponible (elle ne doit pas être dissipée, utilisée à autre chose) pour permettre l'ouverture aux autres mondes tout en ancrant le pratiquant ; sans quoi celui-ci risque fort de ne jamais « décoller » ou, s'il y parvient, de ne pas revenir entier. Son énergie sera perturbée, entraînant de graves maladies physiques ou psychiques !

La cyanite peut également servir dans les rites de guidage des morts vers l'au-delà : il suffit d'en poser sur le corps du défunt ou tout autour de lui pour le guider. La façon précise de le guider, de l'accompagner, étant fonction de votre religion. Les bouddhistes se référeront par exemple au Bardo-Thodol (livre des morts tibétain) tandis que les chrétiens se relayeront pour réciter des chapelets et lire certains passages de la Bible...

Enfin, pour ceux qui voudraient développer leurs facultés télépathiques, sachez qu'il suffit que chaque volontaire tienne une cyanite pour bénéficier d'un petit « plus » pendant les exercices.

La fuchsite

La fuchsite, aussi appelée muscovite verte ou gaebhardite

Voici une pierre que l'on pourrait qualifier de protectrice, mais pas au sens où on l'entend habituellement. Elle n'éloigne pas les mauvais esprits, ne protège pas des sorts ni des ondes émises par les appareils de notre quotidien (ordinateur, téléphone...). Elle agit par contre au niveau émotionnel pour nous pousser à la fois au détachement et à « l'autodétermination ».

Cette pierre favorise l'équilibre émotionnel en intervenant préférentiellement sur les méridiens du cœur et Maître du cœur ainsi que sur le méridien du foie. La fuchsite engendre ainsi chez la personne qui s'en sert plus de force et de maturité, favorisant son plein épanouissement.

De cette force et de cette maturité découle une facilité à faire les bons choix, à s'éloigner des mauvaises relations, à ne pas chuter, à ne pas déraper, que ce soit face à un individu en particulier ou face aux déviances du monde dans lequel nous vivons.

La fuchsite convient donc parfaitement à toute personne effacée, soumise, faible de caractère. Nombre d'adolescents (mais aussi nombre d'adultes malheureusement !) pourraient bénéficier de ses bienfaits. Elle enseigne le lâcher-prise, tant pour laisser les autres s'égarer et apprendre de leurs erreurs, que pour ne pas sombrer avec eux.

Toutefois, ce n'est pas la seule pierre qui possède ces particularités, mais son action est particulièrement rapide et tangible.

De plus, un de ses atouts n'a, à ma connaissance, jamais été développé jusqu'à présent : la fuchsite est incroyablement féminine. Loin d'être faible et influençable, la femme était au contraire depuis l'origine la gardienne de la Vie et de la Cohésion. Mais un jour, confondant autonomie et respect avec égalité, elle a décidé de devenir l'égale de l'homme et n'est parvenue qu'à l'accompagner dans sa chute. Triste soi-disant libération de la femme et triste monde contre lequel les femmes ne sont pas assez nombreuses à protester, même quand elles voient une des leurs nue à chaque coin de rue pour booster la vente de produits inutiles sur les panneaux publicitaires ! Mais ceci est une autre histoire.

Ce que je veux dire ici c'est qu'il y a un parallèle étonnant entre ce que nous pourrions appeler la « mission sacrée des femmes » (dont elles ne sont plus conscientes) et la « mission sacrée de la fuchsite ». Donc, oui et définitivement, la fuchsite est une Pierre Reine, une Pierre des Femmes : une pierre qui fait prendre conscience à chacun ou chacune de sa véritable valeur et de sa destination ! Elle permet par exemple à une femme de ne pas rester coincée derrière ses fourneaux, à un homme de ne pas rester cantonné dans un rôle de macho, à un jeune de ne pas se montrer soumis ... et de n'être pas enclin à participer activement à la déchéance du monde ! Entre les deux, il y a un juste milieu. Je dirais même plutôt un « à côté » de ces deux options aussi dégradantes l'une que l'autre il y a un autre Chemin...

La fuchsite peut, d'une certaine façon, être rapprochée du jaspe-picasso. Mais, si ces merveilles de la nature ont toutes deux le pouvoir de nous relier au Féminin Sacré (que l'on soit homme ou femme), le jaspe-picasso correspond plus à l'origine, à la base, tandis que la fuchsite suscite l'émancipation, nous protégeant en quelque sorte de nous-mêmes. Le jaspe-picasso vous conduira à la Déesse et la fuchsite ne manquera pas de vous rappeler que vous êtes aussi des dieux et des déesses (tu n'es pas n'importe qui, alors ne fais pas n'importe quoi) !

À noter : il existe une sous-variété de fuchsite mêlée d'argile ou de serpentine (parfois des deux en même temps) et appelée verdite. Ses propriétés sont très proches de celles de la fuchsite, je ne rentrerai pas ici dans les nuances.

Par ailleurs, la fuchsite peut contenir des inclusions de rubis. Pour obtenir les résultats décrits ci-dessus sans vous compliquer la vie, préférez plutôt la fuchsite pure.

La howlite et la turkénite

Sur la photo ci-contre, le howlite est à gauche et la turkénite à droite.

Cette dernière n'est autre qu'une howlite teintée en bleu et qui n'a plus aucun pouvoir.

Pierre méconnue possédant une vertu apaisante rare, la howlite agit sur les méridiens du rein, du cœur et Maître du cœur.

Ses spécialités : équilibrer tous les phénomènes du corps en rapport avec le calcium, d'une part, et avec les émotions, d'autre part.

Elle amène son porteur ou son utilisateur à la patience, à la douceur et à la concentration. C'est une pierre parfaite pour les enfants trop turbulents, souffrant de troubles de l'attention ou pour les étudiants (posez une sphère ou une pyramide de howlite blanche sur leur bureau).

Vous vous êtes cassé une jambe et vous n'en pouvez plus d'attendre, cloîtré chez vous ? Portez une howlite blanche, naturelle, d'une bonne taille. La réparation de la fracture sera accélérée et vous patienterez plus facilement jusqu'à votre complète guérison.

Vous avez de la tension ou ne dormez pas toujours bien ? Si cela est dû à de la nervosité, de l'excitation, une howlite sous votre oreiller vous sera très bénéfique.

Vous êtes un dirigeant d'entreprise surchargé, un banquier stressé ? Vous voulez plus de concentration pour miser en bourse ? Vous êtes professeur de yoga et voulez aider vos pratiquants à se détendre ? Placez une de ces pierres dans la pièce où vous exercez !

Vous êtes une femme ménopausée, vous craignez de souffrir d'ostéoporose et vos bouffées de chaleur vous énervent ? Vous venez de découvrir votre alliée !

Vous souffrez de problèmes de parathyroïdes ou de toute autre pathologie en rapport avec la variation du taux de calcium dans le sang ? En attendant d'être opéré ou en complément du traitement prescrit par votre médecin ou par un spécialiste, portez une howlite...

Par ailleurs, elle est bénéfique à la circulation lymphatique et à la guérison des œdèmes, surtout s'ils sont consécutifs à un empoisonnement par contact avec des produits toxiques.

C'est un point très important, car les détracteurs de la lithothérapie invoquent souvent la grande diversité des pierres conseillées pour un problème de santé comme preuve de charlatanisme. Ce n'est pas parce que dix ouvrages vous donnent presque dix minéraux différents comme remèdes à une même maladie que la lithothérapie est une accumulation d'inepties et de mensonges. Bien sûr, il existe des escrocs dans cette discipline comme dans toute autre (pensez par exemple à ces médicaments qui obtiennent une autorisation de mise sur le marché après de soi-disant sérieuses études et que l'on retire en catastrophe des rayons des pharmacies après 5 ans à peine, car ils font plus de morts qu'ils ne soulagent), mais il y a aussi des gens réfléchis et capables ! Simplement, un trouble peut avoir des causes différentes. Il existe par exemple des œdèmes résultants d'un empoisonnement général, d'autres d'une inflammation due à une chute ou à un traumatisme physique quelconque, d'autres encore d'une insuffisance cardiaque... La pierre la plus efficace ne sera pas la même à chaque fois !

C'est pourquoi la cause des ennuis de santé doit toujours être recherchée, en lithothérapie comme ailleurs, pour une prise en charge optimale.

L'ivoire végétal

L'ivoire végétal est aussi appelé noix de corozo ou tagua.

Cette substance, liquide à l'origine, puis naturellement solidifiée n'a rien à voir avec l'ivoire des défenses des éléphants. Elle est issue d'un palmier d'Amérique du Sud, de son fruit, pour être plus précise. Si on ne la laisse pas durcir (si on ne laisse pas les fruits mûrir), on la trouve à l'état de lait végétal sucré, friandise dont les enfants des peuples locaux raffolent...

Sa couleur est blanc crème au centre et brune autour (partie provenant de la membrane qui sépare le « lait » de la coque). Toutes les autres teintes sont artificielles, même le vert clair !

Certes, issue du règne végétal, ce n'est pas une pierre à proprement parler, mais l'ambre est bien universellement utilisé en lithothérapie alors qu'il s'agit d'une résine fossile. La tagua est donc injustement ignorée ! Toutefois, il faut noter qu'à la différence de l'ambre ou du bois pétrifié elle n'a jamais séjourné dans la terre, ce qui explique qu'elle reste à part sur bien des points (voir un peu plus loin les procédés de purification qui lui conviennent).

À la frontière entre végétal et minéral, entre solide et liquide, elle équilibre le yin et le yang, surtout si elle conserve au moins en partie sa membrane brune.

Issue de l'albumen destiné à nourrir la graine, elle favorise le développement des embryons, des fœtus et des bébés prématurés. Tout nourrisson né avant terme devrait avoir une grosse boule d'ivoire végétal dans son berceau !

La tagua possède aussi de nombreuses propriétés identiques à celles de la howlite, rencontrée au chapitre précédent : apaisement (particulièrement en cas de rumination, de tocs, d'obsessions), équilibre des processus de calcification et résolution des troubles de la circulation lymphatique.

Pour conclure, je n'ai jamais rencontré d'ivoire végétal qui ait besoin d'être purifié. Néanmoins, au cas où la situation se présenterait, sachez qu'il ne faut pas le laisser très longtemps dans l'eau (un passage rapide est préférable) et, surtout, ne le passez jamais à travers la flamme d'une bougie ! Pas la peine non plus de le mettre dans une géode, cela ne lui apporterait rien. Vous l'aurez compris, il ne reste pas beaucoup de possibilités : le magnétisme (magnétiseur, praticien reiki...) ou le grand air (dépôt sur un arbre ou à ses pieds, à la campagne, si le temps le permet).

Le jaspe-picasso (marbre)

Jaspe-picasso noir, blanc et orange

Contrairement à ce que laisse penser son nom, il ne s'agit pas d'un Jaspe, mais d'un calcaire métamorphique. Autrement dit, le jaspe-picasso est en fait... du marbre !

J'ignore pourquoi sa dénomination commerciale est devenue « jaspe ». Ces dernières années je constate quand même un changement, notamment dans les foires et bourses aux minéraux : on le présente plutôt sous le nom de marbre-picasso ou de... picasso tout court !

Je vais centrer ce chapitre sur la variété blanche, noire et rouge/orange, mais je signale au lecteur que cette pierre existe aussi en bleu ou en bleu/gris et que ses propriétés sont alors à peu près identiques à celles que je vais développer, elles confèrent juste un sens de l'abstraction plus poussé, une capacité accrue de transformation spirituelle.

Dans tous les cas, le jaspe-picasso correspond au chakra sacré, se situant au niveau du périnée (aussi appelé chakra basal, chakra racine et muladhara).

Pour comprendre cette variété de marbre, il faut comprendre l'association des trois couleurs que sont le blanc, le rouge et le noir. Lorsqu'elles se trouvent réunies, elles prennent une signification particulière.

La pierre philosophale des alchimistes, qu'elle soit bien réelle et permette d'obtenir de l'or ou qu'elle symbolise l'aboutissement d'une quête intérieure, ne peut être obtenue que suite à l'œuvre au noir, l'œuvre au blanc et l'œuvre au rouge suivies dans cet ordre (calcination, lessivage/purification et don de l'incandescence).

De nombreux contes initiatiques évoquent ces trois couleurs bien que leur ordre d'apparition dans le récit puisse différer. Il n'est pas rare qu'un héros (en général une jeune fille, car c'est une déesse en devenir) soit blessé d'une façon ou d'une autre (sang répandu, sacrifice ; rouge), perde un être cher ou doive fuir (deuil de sa vie d'avant ; noir) et qu'une suite d'épreuves ou de voyages l'amène au bonheur, au plein éveil spirituel ou au mariage (réalisation de la divinité intérieure, union au Divin ; blanc).

Blanche-Neige n'avait-elle pas la peau blanche, les cheveux noir de jais et les lèvres rouges ?

L'ordre d'apparition de ces teintes n'a, en général, pas d'importance. Ce qu'il faut retenir c'est l'idée de catastrophe/changement au point de départ, suivi d'une purification, d'un deuil qui doit se faire, être accepté pour enfin aboutir au but, à l'Illumination (Royaume de Dieu, Éveil...).

Je ne peux pas tout expliquer ici, car cela déborde du cadre de cet ouvrage, mais, sachez simplement que si vous rencontrez ces trois couleurs, la Déesse Mère n'est pas loin...

Le jaspe-picasso peut donc vous relier comme aucune autre pierre au Divin Féminin et il a toute sa place dans les rituels où la Déesse est invoquée. L'obsidienne a cette propriété en commun avec le jaspe-picasso, mais ce dernier, contrairement à la première, peut être manipulé sans soucis par n'importe qui, aussi bien adulte qu'enfant et aussi bien homme que femme, car la Déesse n'est qu'un aspect, un archétype de l'Un qui se trouve en tout être vivant.

Trois pour en faire Un, Un qui se manifeste en Trois : les Celtes connaissaient eux aussi l'alliance du noir, du blanc et du rouge qu'ils associaient à la terre, à l'eau et au feu (ou au Ciel), au corps, à l'esprit et à l'âme, ainsi qu'à la triade Terre-Lune-Soleil.

Le jaspe-picasso c'est l'Origine et aussi, par extension, ce qui fait la base de notre vie, ce que nous ne devons sous aucun prétexte oublier ou abandonner (projet, idéal, etc.). Ce qui ne peut être détruit : le « squelette » de votre âme. Ce que vous avez peut-être enterré, mais qu'il va falloir aller rechercher et rendre à la Vie.

Je suis la Loba et je chanterai

Sur les restes de vos défunts,

Ressusciterai des idées oubliées,

Dirai celles dont on ne sait rien. [*1]

1 Poème de l'auteur, inspiré de la légende mexicaine de la Loba, la femme qui déterre les os et chante pour leur redonner vie (c'est-à-dire qui vous incite à retourner vers ce que vous avez laissé de côté). Lire à ce sujet Femmes qui courent avec les loups de Clarissa Pinkola Estés.

Sur le plan physique, le jaspe-picasso favorise une calcification équilibrée à tous les âges, une croissance harmonieuse des enfants. Tous les os et cartilages du corps apprécieront les séances de soin où il sera employé !

Il agit fortement sur le méridien du rein et sur celui de la rate, mais peut induire un renforcement général de l'organisme.

La vibration de ce marbre nous relie aussi à la mémoire ancestrale. Il secondera toute personne entreprenant des recherches par le biais de la psychogénéalogie.

C'est également une pierre qui peut servir d'ancrage dans la pratique des arts martiaux internes ou lors de sorties hors du corps bien que ce ne soit pas la plus forte dans ce domaine.

La labradorite

Ci-contre, deux labradorites brute et polie

Beaucoup de livres vantent les capacités de guérison de cette pierre, mais aucun de ceux que j'ai lus n'indique qu'elle est d'une efficacité redoutable pour purifier et recharger d'autres minéraux, même les plus abîmés !

Il suffit de laisser la pierre « malade » sur la labradorite ou à côté d'elle, à son contact, pour obtenir facilement d'excellents résultats. On peut utiliser la labradorite en purification la nuit pour les pierres que l'on porte en journée (et vice-versa), ou plusieurs jours voire semaines de suite dans les cas plus graves (voir le chapitre sur l'œil-de-tigre un peu plus loin).

Il arrive même que des minéraux ternis et fendus retrouvent comme par enchantement leur aspect sain d'autrefois après quelques semaines ou mois passés à côté d'une labradorite dans un tiroir en bois ou un récipient en terre cuite (dans l'obscurité).

Attention, la labradorite a un immense pouvoir de guérison (même sur les humains et les animaux pour restaurer leurs centres énergétiques et harmoniser les méridiens), mais elle est incapable de s'auto purifier ! Par conséquent, c'est à son propriétaire de s'en charger et s'il ne le fait pas assez régulièrement, il la verra se fendiller et s'effriter très rapidement et sera obligé d'en changer.

Les labradorites peuvent être purifiées par n'importe lequel des moyens listés au début de cet ouvrage, mais, en général, elles apprécient tout particulièrement d'être placées dans de grandes géodes.

Une autre de leurs propriétés méconnues intéressera ceux qui s'adonnent à l'occultisme : elles peuvent être utilisées à la fin des rituels pour la « mise à la terre » (voir le chapitre sur l'agate noire). Mais, là encore, il ne faudra pas manquer de les purifier souvent.

Enfin, notez que la labradorite peut être associée à la tourmaline dans toutes les pièces où l'on pratique une thérapie, quelle qu'elle soit, pour éviter les pertes d'énergie, soutenir le travail de la tourmaline et favoriser la lucidité du praticien.

La malachite

Voici l'une des pierres les plus puissantes au monde et elle est... toxique ! Ce que beaucoup ignorent malheureusement. Elle contient des métaux lourds.

Il ne faut jamais l'appliquer sur une plaie ni boire de l'eau qui aurait été à son contact. Il ne faut pas respirer sa poussière et, si l'on doit la porter contre soi ou l'appliquer sur un endroit du corps, ce sera exclusivement sous sa forme polie !

Pour la petite histoire, avant l'avènement de la médecine telle qu'on la connaît aujourd'hui, l'eau qui avait contenu une Malachite était utilisée en externe sur la peau des animaux attaqués par certains champignons ou acariens (teigne, gale...). Ne tentez jamais et en aucun cas de soigner un animal ou un humain ainsi, c'est dangereux !

En Égypte, on l'utilisait pour soigner des infections oculaires.

Malgré sa toxicité, elle a un fort pouvoir détoxiquant ! Ceci s'explique par le principe dit de similitude, si cher aux homéopathes : un patient se rétablit par l'administration d'une substance produisant expérimentalement chez une personne saine des symptômes semblables à ceux présents chez le patient.

Pour le dire plus simplement, prenons l'exemple de l'aspirine : elle provoque des hémorragies, mais si on la dilue et dynamise comme cela se fait en homéopathie jusqu'à obtenir une solution équivalente à une dilution 30CH, elle a alors un pouvoir hémostatique (elle arrête les saignements). La signature énergétique d'une substance peut donc avoir l'effet inverse de cette substance !

La malachite est donc utilisée avec succès en complément d'autres méthodes pour guérir la sclérose en plaques, le syndrome de fatigue chronique, la fibromyalgie, l'autisme, les maladies de Parkinson et d'Alzheimer, etc. Bref toutes les pathologies dues à l'intoxication par les pesticides (alimentation, proximité des zones d'épandage, insecticides utilisés dans les maisons et dans les pipettes antiparasitaires pour animaux) et les métaux lourds (amalgames dentaires, vaccins, boîtes de conserve, cigarettes...).

Il suffit de porter une ou plusieurs malachites polies ou de prendre l'élixir minéral tiré de ces pierres par voie orale ou dans des bains.

La malachite étant toxique, on ne peut pas, je me répète, la mettre directement dans l'eau que l'on va boire. Il faut la purifier puis la placer dans un récipient en verre incolore que l'on pose lui-même dans un autre récipient de même nature et qui, lui, contient de l'eau (de source de préférence).

On laisse le tout ainsi pendant 6 à 12 heures sous les rayons du soleil. Certaines personnes exposent à la lune, mais l'influence ne sera pas la même. Pour ne pas vous compliquer la vie, utilisez seulement le soleil.

Puis, on recueille l'eau que l'on met dans une bouteille de verre brun (protection contre la lumière solaire, car les vibrations doivent à présent se stabiliser) avec 50 % de cognac ou de vinaigre pour qu'elle se conserve. L'élixir minéral de départ est prêt.

On peut en diluer quelques gouttes dans un flacon plus petit en verre brun lui aussi (1 ou 2 gouttes de l'élixir de départ par 10 ml d'eau) et prendre un peu de cette dilution supérieure plusieurs fois dans la journée, ou en verser dans l'eau du bain. En résumé, le principe est le même que pour les élixirs floraux.

Enfin, la malachite soulage les entorses. Il convient ici, contrairement à ce qui se fait d'habitude, de choisir des pierres petites (polies, je vous le rappelle) et assez plates pour qu'elles ne gênent pas. On les applique dans un cataplasme d'argile, sur la peau.

Le résultat obtenu s'appelle une synergie c'est-à-dire que l'alliance de l'argile et de la malachite démultiplie le pouvoir de chacun de ces composants pour plus d'efficacité.

La mokaïte bréchique

Ci-contre, mookaïte bréchique en provenance d'Australie, avec des couleurs plutôt jaunes

Ce minéral magnifique est une sous-espèce de jaspe. Avant de parler de ses propriétés, il nous faut y voir plus clair dans cette famille un peu complexe.

Commençons par le jaspe simple : il s'agit d'une pierre formée par dépôt de silice et d'argile dans les cavités de différentes roches. On en trouve dans le monde entier. S'il n'y a pas assez d'argile, il ne s'agit plus de jaspe, mais d'autres minéraux de la famille des Quartz et s'il y a trop d'argile (pas assez de silice) ce n'est pas du jaspe non plus, mais d'autres minéraux appartenant à diverses familles.

Il existe des dizaines de couleurs de jaspe, unies ou mélangées. Certaines pierres sont tout de même regroupées abusivement sous cette dénomination comme nous l'avons vu pour le marbre-picasso.

Dame Nature aimant compliquer la donne, elle s'amuse parfois à quelques croisements et c'est là que les choses se corsent. Le jaspe peut se mêler à d'autres pierres. Par exemple, le jaspe bréchique (aussi nommé jaspe brèche ou jaspe bréchiforme) est formé de morceaux de jaspe maintenus ensemble dans de la calcédoine. L'œil-de-fer contient des couches de jaspe, d'œil-de-tigre et d'hématite. Et notre fameuse mookaïte sur laquelle nous allons nous pencher est faite de jaspe et d'opale ! On l'appelle également jaspe mookaïte ou jaspe australien, car les plus beaux gisements se trouvent là-bas.

Histoire de complexifier encore plus l'affaire, il existe une sous-catégorie de mookaïte : la mookaïte bréchique c'est-à-dire des morceaux de jaspe/opale maintenus ensemble dans de la calcédoine ! Et elle n'a pas exactement les mêmes propriétés que la mookaïte classique...

Visuellement, il n'est pas toujours aisé de distinguer tout ceci. La mookaïte est globalement beaucoup plus colorée, plus vive que le simple Jaspe et elle arbore plusieurs larges plages de couleurs totalement différentes qui sont comme collées ensemble. On croirait contempler la palette d'un peintre. Un régal de gaieté pour la vue ! À force de vous y intéresser, vous les distinguerez au premier coup d'œil, il suffit d'avoir déjà vu auparavant plusieurs spécimens de chaque catégorie.

La mookaïte bréchique présente ces mêmes plages, mais séparées par des veines de calcédoine transparente, comme on peut le voir sur la photographie. L'effet est unique, on ne peut se tromper !

La mookaïte est donc, si l'on veut, un jaspe précieux et la mookaïte bréchique est encore plus précieuse.

La présence d'opale dans la mookaïte provoque la hausse des prix par rapport au simple jaspe et la rareté de la forme bréchique les fait grimper encore plus ! Deux ou trois grammes de cette dernière atteignent vite plusieurs dizaines d'euros.

J'insiste sur ce fait, car certains commerçants, ignorants ou volontairement menteurs, vendent des jaspes à l'aspect spécial, en dehors de la norme, pour des mookaïtes. La mookaïte, bréchique ou non, contient de l'opale et son prix est donc forcément élevé ! Sans opale ce n'est pas de la mookaïte, on ne le répétera jamais assez !

Maintenant, venons-en à ses bienfaits. Tous les livres de lithothérapie traitent du jaspe, et de plus en plus de la mookaïte, mais aucun, à ma connaissance, ne parle de la rare mookaïte brèche, en ce qui concerne la France en tout cas. J'ai donc l'honneur d'ouvrir la marche. Allons-y !

La mookaïte, en particulier bréchiforme, agit sur les méridiens de la rate et du foie (parfois aussi du poumon, mais cela dépend des malades). Toutes les mookaïtes apportent la sérénité, c'est également le cas lorsqu'elles sont mêlées à de la calcédoine. Elles favorisent aussi la cicatrisation et l'équilibre immunitaire.

Les spécificités de la variété bréchique sont les suivantes : aide en cas d'hémophilie (mais elle n'est pas la seule dans la famille des Jaspes à pouvoir le faire) et de troubles lymphatiques, permet d'atteindre un grand détachement, une paix intérieure profonde, favorise le recul, la vue d'ensemble si l'on peut dire, ce qui permet de comprendre les origines de toute situation et de voir vers quelle direction elle tend. Cette mookaïte amène en fait à la prise de conscience de facteurs qui passent habituellement inaperçus (pour ceux qui sont attirés par les religions orientales nous dirons qu'elle met en évidence les liens karmiques).

Beaucoup de personnes se trouvent dans des situations malsaines à répétition (au travail, en amour, dans le domaine de la santé, etc.) sans comprendre pourquoi. La mookaïte bréchique, apportant détachement et lucidité à la fois, les aiderait à comprendre leurs erreurs. À eux, ensuite, de ne pas les reproduire ! Cette pierre nous ouvre à de nouvelles possibilités, à d'autres choix.

Elle redonne également force et courage dans les épreuves, surtout les deuils et la solitude. Mais certains préfèrent la mookaïte classique pour cet usage. Cela semble être une simple question d'affinité, car les deux sont efficaces. Les gens ne réagissant pas à l'une réagissent à l'autre !

Il découle de tout cela un apprentissage de la tolérance qui suit cet apaisement accompagné de détachement. Voici la leçon de la mookaïte bréchique : les êtres, les choses et les événements peuvent être biens même lorsqu'ils ne correspondent pas aux goûts de notre petit moi égoïste qui se prend pour le chef, pour l'âme, alors qu'il n'est qu'une construction mentale que nous devons apprendre à contrôler. L'amour et la tolérance créent l'unité. Il existe d'autres façons d'être, de penser et de vivre que la nôtre.

Chassez la rigidité psychologique et émotionnelle avec cette pierre magique ! La flexibilité physique et émotionnelle est son domaine, surtout si les blocages physiques sont d'origine psychosomatique sinon, préférez d'autres minéraux comme l'aragonite par exemple.

Il existe des minéraux particulièrement doués pour s'imprégner de l'atmosphère, des vibrations de leur terre d'origine. Nous le verrons par la suite pour la septaria du Maroc qui porte en elle la magie de l'Afrique. La mookaïte bréchique, elle, est imprégnée des vibrations de l'Australie. Elle est le symbole du totémisme, du chamanisme et du Temps du Rêve. Cette expression utilisée par les aborigènes désigne une époque mythique durant laquelle eut lieu la création du monde. Tous les êtres (animaux et humains par exemple) se comprenaient et vivaient dans la paix et l'unité.

La mookaïte bréchique est un symbole de ce que les aborigènes nomment dans leur langue le yowie et qui correspond à notre notion d'âme. L'âme qui progresse au fil de ses expériences et tend vers l'Unité, la Paix, la Lumière.

L'obsidienne

Ci-contre, de gauche à droite : obsidienne noire avec un peu de rouge, obsidienne dite « flocons de neige », car elle porte des taches grises et enfin obsidienne noire.

Obsidienne noire et œil céleste

Certains appellent œil céleste (ou obsidienne arc-en-ciel) l'obsidienne noire à légers reflets circulaires violets, gris, bleus et/ou verts. D'autres, comme moi, désignent à la fois avec cette expression la variété à reflets circulaires et la variété entièrement noire, car leurs propriétés sont quasiment identiques.

Il s'agit d'un verre volcanique naturel. La lave s'est refroidie et donc solidifiée tellement vite qu'aucune structure cristalline n'a eu le temps de se former. Et, heureusement ou malheureusement, les pouvoirs de l'œil céleste sont à la mesure de sa genèse : surgi des entrailles de la Terre, il fait ressortir bien des choses que nous ne voulons pas voir avec en plus une puissance et une rapidité défiant toute concurrence !

J'ai déjà vu des gens acquérir, malgré mes avertissements, une de ces pierres pour les propriétés que nous décrivent les ouvrages de lithothérapie et le regretter amèrement par la suite. Ils décrètent alors qu'il s'agit d'une pierre « maléfique » et l'enfouissent dans un coin du grenier ou de la cave... Ce qu'ils lui reprochent ? De ne plus dormir, de n'avoir que des « malheurs » dans leur vie depuis qu'elle trône sur leur buffet, etc.

Et pourtant je peux vous assurer que ces phénomènes ne proviennent absolument pas de l'obsidienne, mais d'eux-mêmes. L'œil céleste fait seulement resurgir les causes cachées, ignorées et les énergies négatives pour que nous en prenions conscience et que nous ne réitérions pas les mêmes erreurs ! Mais l'acheteur non averti ne s'attend pas à cela, ne comprend pas ce qui lui arrive et croit être aux prises avec des forces malfaisantes alors qu'il se trouve face à lui-même, aux énergies avec lesquelles il bâtit sa vie.

Que ce soit en nous ou dans notre environnement, l'obsidienne fait ressortir le côté sombre pour qu'il soit reconnu, accepté et transcendé. Évidemment, elle a aussi des effets sur le corps physique (accélération de la cicatrisation, dénouement des tensions musculaires et articulaires par exemple), mais vous ne pouvez en acquérir une sans qu'elle agisse instantanément à tous les niveaux ! Je vous conseille donc de faire vos soins avec d'autres minéraux présentant les vertus thérapeutiques recherchées ou à la rigueur avec les obsidiennes rouges et noires, à flocons, etc. Mais jamais avec les variétés noire ou légèrement teintée à moins d'être un initié ayant acquis un certain niveau !

Dans tous les cas, il ne faut JAMAIS utiliser l'œil céleste (et même les autres variétés) sur les enfants.

En cas d'emploi malencontreux, sachez que le cristal de roche et l'aragonite (bleue claire en particulier) peuvent contrebalancer les effets de l'œil céleste. Je vous conseille d'ailleurs d'acheter au moins l'une de ces deux pierres en même temps que votre obsidienne. Vous pourrez aussi les porter préventivement si vous décidez de vous lancer dans l'aventure, afin d'éviter les réactions trop violentes !

Maintenant, et notamment pour les personnes assez expérimentées qui liraient ce livre,voici quelques propriétés de cette pierre unique sur Terre. Elle protège le mage aguerri contre les énergies négatives et les esprits malfaisants (un peu comme l'agate noire ou comme la tourmaline qui, elle, peut être employée par tout un chacun). Une plaque polie ou une sphère d'obsidienne noire (forme qui a le plus puissant rayonnement) aident à acquérir la claire-voyance, mais si vous n'êtes pas prêt elles ne vous apporteront qu'un séjour prolongé en hôpital psychiatrique. N'oubliez pas que tout « miroir », toute surface réfléchissante est une porte entre le Visible et l'Invisible. Alors, ne jouez pas avec cela si vous ne maîtrisez pas cet aspect de la matière !

Toute faculté latente, tout pouvoir en devenir, toute capacité non développée (psychique ou physique) peuvent vous être donnés par le port et/ou la méditation de l'obsidienne. Elle peut vous mettre en relation directe avec les esprits de la nature et avec le Féminin Sacré.

Celtisants et wiccans, écoutez-moi : l'obsidienne est le chaudron de Keridwen... Ceux qui sont concernés comprendront. En lithothérapie, selon qu'on la place au sommet du crâne ou près du périnée, elle renforcera l'effet des autres pierres utilisées durant le soin (effets psychiques, mentaux dans le premier cas et effets au niveau physique dans le deuxième).

Enfin, sachez ranger convenablement l'œil céleste : loin des autres pierres, caché à la vue des gens, enveloppé dans un tissu noir ou bleu foncé en fibres naturelles. Si vous souhaitez malgré tout l'exposer, trouvez-lui une place à côté d'un grand cristal de roche !

Obsidienne araignée

Elle est aussi appelée obsidienne toile d'araignée ou obsidienne spider.

Elle est noire ou d'un bleu marine vraiment très foncé, totalement opaque et parcourue d'un réseau de filaments verts ou gris bleus. J'insiste bien sur le fait qu'elle est opaque et très foncée (presque noire si elle ne l'est pas carrément), car il se vend depuis longtemps à Taïwan et maintenant dans d'autres parties du monde des pseudos obsidiennes bleu foncé ou clair et transparentes qui sont en fait des verres de synthèse colorés artificiellement !

Pour en revenir à la variété araignée, elle améliore la circulation énergétique dans et entre les différents méridiens du corps ainsi qu'entre les différentes couches de l'aura. Elle est par conséquent bénéfique à la santé en général et plus particulièrement à la lutte contre toutes les grosseurs (surtout chez les personnes dont l'énergie de la rate est déséquilibrée) des verrues aux tumeurs malignes ou bénignes en passant par les kystes, etc.

Obsidienne araignée à filaments bleus

Elle peut également améliorer tout problème de santé dû à un excédant de chaleur dans un méridien, quel qu'il soit. Mais dans tous les cas, elle est déconseillée à ceux qui sont en vide d'énergie général, à ceux dont le rein n'est pas assez fort, pas assez tonique. Elle ne convient pas non plus aux enfants, comme toutes les obsidiennes.

En résumé, tout comme pour l'œil céleste, rares sont les personnes qui peuvent la porter ou l'utiliser.

En dehors du domaine de la santé, ses propriétés sont pour la plupart identiques à celles de la variété entièrement noire : elle a tendance à faire ressortir nos énergies négatives (à un moindre degré toutefois qu'avec l'œil céleste), mais peut apporter une protection ainsi que des facultés physiques et psychiques étonnantes à celui qui sait s'en faire une alliée.

À côté de son utilisation en lithothérapie ou en occultisme, l'obsidienne araignée possède une particularité notable : elle a aussi un pouvoir symbolique, ce qui n'est pas le cas de tous les minéraux. Nous en avons déjà vu un exemple avec la mookaïté bréchique et nous parlerons du saphir, symbole du Royaume Céleste, un peu plus loin.

La capacité de l'obsidienne araignée à nous aider ou à empirer notre situation en fonction de notre degré d'avancement, de notre lucidité, de notre esprit critique, de notre recul par rapport à nous-mêmes et au monde dans lequel nous vivons en fait un symbole de notre époque : l'humanité connaît actuellement un développement scientifique et technologique sans précédent, ce qui peut nous aider (pensez par exemple aux progrès de la chirurgie) ou nous emmener à notre perte (s'il est indéniable que la médecine progresse, les industries pharmaceutiques mal intentionnées n'en profitent pas moins pour désinformer les médecins et le public, dans le but de nous forcer au « tout médicament » pour s'en mettre toujours plus dans les poches). C'est à nous d'effectuer des choix et de changer.

Le réseau de filaments qui parcoure la surface comme l'intérieur de cette pierre est aussi le symbole de la résistance contre tous les systèmes qui essayent de nous manipuler, car il représente les réseaux humains et virtuels (associations et rassemblements divers, groupes plus ou moins occultes, plus ou moins légaux aussi, sans oublier les forums sur internet, les réseaux sociaux tels que facebook, etc.) qui permettent aux gens de s'informer et de lutter par différents moyens (pétitions, etc.) contre les vessies que l'on veut nous faire prendre pour des lanternes !

C'est pourquoi certaines personnes arborent fièrement une ou plusieurs obsidiennes araignées pour représenter leur combat contre les élites (bancaires, industrielles ou autres) qui dominent le monde au mépris total de la justice, de la vie d'autrui et de la survie de la planète. Cette pierre représente leur espoir de voir un jour la machine se renverser puisqu'elle fait ressortir les énergies négatives pour que nous les remarquions enfin et que nous nous en débarrassions...

Autres variétés d'obsidiennes

Je n'ai pas d'informations inédites à apporter à leur sujet c'est pourquoi je me contenterai ici d'une mise en garde contre les faux synthétiques.

Cette pierre, je le rappelle, est opaque et noire la plupart du temps, même si certains spécimens présentent deux couleurs (noir et gris, noir et brun/rouge) ou des filaments verts, gris ou bleus dans le cas de l'obsidienne araignée. Cette dernière, comme nous l'avons vu, peut d'ailleurs être d'un bleu marine presque noir.

En ce qui concerne les spécimens bicolores, on leur donne différents noms en fonction de leur aspect : une obsidienne majoritairement rouge sera par exemple qualifiée d'acajou tandis qu'une obsidienne noire renfermant quelques sphères orange/brunes sera baptisée obsidienne peanut (ce qui signifie obsidienne cacahuète)... Les collectionneurs un peu trop naïfs s'imaginent ainsi posséder des dizaines de variétés différentes alors qu'il en existe peu dans la nature ! Dans tous les cas, les taches et les zones grises, brunes, oranges ou rouges, quelque soit leur étendue, sont des inclusions de feldspath dans l'obsidienne. Pour information, les feldspaths forment une grande famille regroupant entre autres l'amazonite, la labradorite, la pierre de lune et la pierre de soleil (héliolite), très prisés des collectionneurs et lithothérapeutes. L'obsidienne et le lapis-lazuli sont des cousines des feldspaths.

Pour en revenir à notre verre volcanique, la variété noire peut avoir des reflets plus ou moins prononcés et qui la plupart du temps sont bleus, violets, verts ou gris. Il existe aussi des spécimens naturels à forts reflets argentés ou dorés (en provenance du

Mexique) et que l'on ne range pas dans la catégorie œil céleste car leurs propriétés diffèrent de celles des autres de façon assez nette.

Ensuite, il existe des obsidiennes naturelles entièrement vertes, mais elles sont opaques ou peu transparentes. La majorité des obsidiennes vertes que l'on présente en bijouterie, sur internet, dans les boutiques ou sur les stands est faite de pierres de synthèse ! Elles sont claires, totalement transparentes et on aperçoit même les bulles d'air emprisonnées à l'intérieur lors de leur fabrication ! Sur ce modèle, certains se sont mis à fabriquer des obsidiennes d'un bleu foncé assez vif et également transparentes, puis ils ont testé le bleu ciel, etc. Les couleurs vertes et bleues sont celles pour lesquelles on note le plus d'arnaques, restez vigilants.

Enfin, deux nouvelles variétés ont fait leur apparition il y a peu :

- l'Obsidienne de feu qui présente de très forts reflets oranges, rouges et verts principalement. En fait, elle n'est formée que de zones colorées vraiment très vives, très chatoyantes. Encore une fois, il s'agit d'une pierre de synthèse. On peut observer des reflets rouges ou orange assez prononcés dans quelques rares spécimens noirs (ils proviennent en général des gisements donnant des obsidiennes dorées, mais la couleur or ou argent habituelle est ici cuivrée), mais cela n'a rien à voir avec cette variété dite de feu qui est fabriquée selon des procédés identiques à ceux utilisés pour obtenir de fausses opales ! En résumé, quand vous vous trouvez devant une soi-disant obsidienne très irisée, passez votre chemin. Par ailleurs, certains appellent obsidiennes de feu celles dont les reflets sont les plus vifs. Il s'agit, dans ce cas, d'une simple nuance de vocabulaire et ces minéraux, dérivés du groupe œil céleste, sont naturels évidemment. On les nomme également obsidiennes mentogochols. Elles ont les propriétés de l'œil céleste, mais sont plus puissantes pour s'ancrer, purifier l'aura et se mettre en contact avec notre mère la Terre. Les scientifiques avancent l'hypothèse que les couleurs vivent sont dues à la présence de micro-fissures engendrées par des secousses sismiques... Ce sont les seules obsidiennes à arborer des tons assez vifs, mais elles sont très rares. À moins de connaître le commerçant, vous risquez fort de vous faire avoir...

- l'obsidienne, qui est naturellement assez transparente, provient du Caucase, mais ses couleurs ne sont pas vives (contrairement aux imitations) et elle présente des bandes noires. Ses tons, toujours doux, vont du gris au rose en passant par le saumon. On n'aperçoit nulle part des bulles d'air. Attention aux faux que les vendeurs mal intentionnés écoulent auprès des touristes !

L'œil-de-tigre et l'œil-de-faucon

Oeil-de-tigre à gauche et œil de faucon à droite

Les pouvoirs protecteurs de ces pierres sont assez connus, mais aucun livre ne fait de réelle distinction entre elles. On leur trouve quelques propriétés différentes (et beaucoup de propriétés communes) pour ce qui est de la lithothérapie, mais jamais pour ce qui est du domaine de l'ésotérisme. On vous précisera tout au plus que l'œil-de-faucon est sensé être un amplificateur du pouvoir des autres minéraux. Et pourtant il y a bien une nette différence entre les deux !

D'un point de vue géologique, œil-de-tigre et œil-de-Faucon appartiennent à la même famille : celle des quartz. Autrement dit cristal de roche, améthyste, aventurine (quartz scintillant), citrine, œil-de-de-tigre ou de faucon et bien d'autres encore sont tous des quartz, des minéraux à forte teneur en silice. Leur couleur et leur aspect varient ensuite en fonction d'autres éléments qu'ils ont absorbés pendant leur formation.

L'œil-de-tigre et l'œil-de-faucon ont grandi en prenant peu à peu la place de gisements d'amiante. Cette dernière a été emprisonnée au cours des temps géologiques par de la silice, c'est pourquoi les pierres qui nous intéressent ici offrent à la vue des fibres, empreintes de celles de l'amiante d'autrefois. Mais il n'y a aucun risque à utiliser un œil-de-tigre, de faucon, de taureau ou un quart œil-de-chat, mêmes s'ils se fissurent ou que vous les cassez, car la chimie de ces minéraux a complètement changé grâce à la silice, il n'y a plus d'amiante du type de celle que l'on a utilisée dans les bâtiments et qu'il faut maintenant retirer !

Ces pierres ont donc effectivement le pouvoir de tenir les mauvais esprits et autres manifestations paranormales malveillantes à distance, mais elles ne le font pas de la même manière ! Je l'ai constaté pour la première fois lorsque j'ai prêté un œil-de-tigre et un œil-de-faucon, accompagnés d'autres ingrédients et objets, à une amie victime de phénomènes de hantise dans l'appartement qu'elle louait depuis peu. Au bout de quelques semaines, l'œil-de-faucon a commencé à se fissurer (il n'était donc plus utilisable) alors que l'œil-de-tigre restait intact.

Je ne sais pas s'il est vrai que l'œil-de-faucon augmente le pouvoir des autres pierres, mais ce qui est sûr, c'est qu'il « lâche » toujours en premier, même s'il est en parfait état au début. Tout se passe comme si l'œil-de-faucon était le premier rempart. L'œil-de-tigre est plus endurant, mais ne réagit qu'en deuxième.

Les deux éloignent le mal, mais l'œil-de-faucon s'effrite pour donner l'alarme si le phénomène de hantise est très poussé, si l'esprit est vraiment malfaisant. Il doit alors être purifié et rechargé dans une géode ou en le laissant dans un coin tranquille, sombre, à côté d'une labradorite et d'un œil-de-tigre, jusqu'à ce que les fissures disparaissent (des mois si nécessaire).

Connais leur utilité :

Oeil-de-tigre, œil-de-faucon

T'aident à chasser les démons.

Sache bien les conserver !

Si au contact des Ténèbres

Ces belles amulettes s'effritent

Géodes ou labradorite

Les sortent de leur chant funèbre.

Extrait de Paroles Sorcières de Maïté Molla-Petot, éditions Edilivre.

Si vous voulez un avis sur un endroit réputé hanté, il vous suffit d'y poser un œil-de-faucon seul. S'il se fissure ou s'effrite, cela signifie qu'il ne s'agit pas de simples fantômes ou d'énergies résiduelles, il faut envisager un exorcisme des lieux grâce à un prêtre ou à un médium sérieux. Attention aux charlatans ! Les véritables exorcistes ne font pas payer et n'essaient pas de vous embrigader. Ils font leur travail et s'en vont simplement.

Si l'œil reste intact, cela ne veut pas dire qu'il n'y a rien, mais que les phénomènes sont peu importants, que vous pouvez vivre sans trop de problèmes à cet emplacement.

Si vous voulez prévenir toute entrée du mal chez vous ou bannir d'éventuels esprits, vous pouvez disposer dans une ou plusieurs pièces un œil-de-tigre et un œil-de-faucon, associés à une labradorite si vous le désirez, pour renforcer l'œil-de-faucon.

Si le dispositif semble trop faible, vous pouvez essayer de remplacer ces pierres par des tourmalines et/ou des agates noires ou faire appel à une personne compétente.

Il me faut maintenant parler d'un cas particulier : l'œil-de-tigre mélangé à l'œil-de-faucon.

Lorsque les deux sont présents dans la même pierre, un pôle yin et un pôle yang se créent, provoquant des mouvements d'énergie dans la pierre, ce qui lui permet de s'auto-entretenir, de s'auto-purifier dans une assez large mesure.

Sur la photographie où l'on aperçoit (ci-dessus, à droite) un œil-de-faucon avec peu d'œil-de-tigre, les propriétés restent celles de l'œil-de-faucon mais la pierre est naturellement renforcée face aux énergies néfastes.

En revanche, quand la pierre contient autant de l'un que de l'autre (à gauche), les propriétés de l'œil-de-tigre l'emportent en général. L'œil-de-faucon est tellement renforcé qu'il ne peut plus jouer son rôle d'alarme. En lithothérapie, ce mélange apporte toutes les propriétés (par ailleurs très proches de toute façon) des deux minéraux.

Le saphir

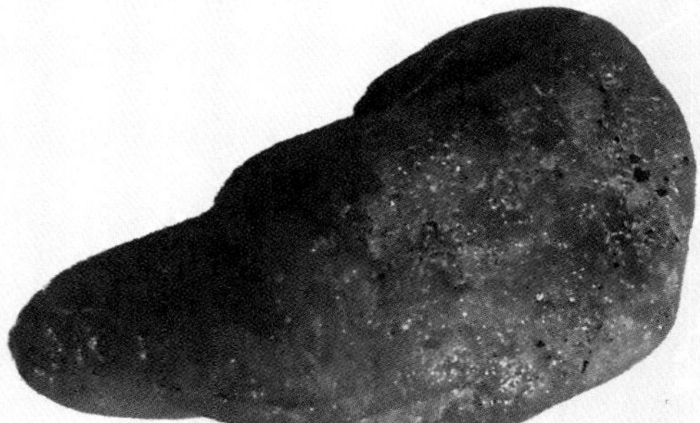

Ci-contre, saphir bleu semi-précieux

Comme tous les livres de lithothérapie vous le préciseront, le saphir (en particulier la variété bleue) influence le « troisième œil » c'est-à-dire le chakra situé entre les sourcils ainsi que le chakra de la gorge.

Mais savez-vous qu'au niveau des méridiens il a un impact sur le Triple Réchauffeur, le cœur et le Maître du cœur ? Porter une bague avec un saphir sur le majeur équilibre le méridien Maître du Cœur surtout si le saphir est bleu, rose ou violet. Sur l'auriculaire et pour les mêmes couleurs, c'est le méridien du cœur qui est harmonisé.

Si vous portez une bague sertie d'un saphir sur l'annulaire, il y a alors deux influences à discerner :

- bleu, violet ou jaune et porté indifféremment sur la main gauche ou sur la droite, il rétablira la circulation de l'énergie dans le Triple Réchauffeur.

- bleu et porté à gauche, il fait une excellente bague de fiançailles, car le saphir renforce les liens entre les êtres. Il peut aussi consolider les liens entre membres d'une même famille, entre amis (dans ce cas, il peut être rose), entre Dieu et un croyant... Il conserve d'ailleurs ses propriétés, même lorsqu'il ne se porte pas au doigt. Il n'y a pas de limites à son pouvoir dans ce domaine. Cela peut du reste devenir problématique en cas de séparation, car les liens ont tendance à perdurer même si la situation était malsaine et que le détachement était vivement recommandé ! Il faut alors se séparer sans délai du saphir et, si cela ne suffit pas, le remplacer par une fuchsite (voir le chapitre qui lui est consacré) que l'on soit un homme ou une femme.

Les saphirs bleu très foncé et noir sont les plus puissants pour nous rapprocher du Divin, nous protéger du mauvais œil, des morsures venimeuses (et de la peste quand celle-ci existait) et pour nous aider à trouver du travail. Ils apprécient particulièrement les géodes d'agate noire pour se purifier.

Ceux qui sont jaunes attirent la richesse.

Le saphir bleu est aussi le symbole de l'azur céleste et du Royaume de Dieu (Sainte Hildegarde de Bingen en parlait déjà dans ses écrits au XIIe siècle). Sur le pectoral du Grand Prêtre des Hébreux, il trônait en bonne place à côté du diamant, l'une des pierres les plus puissantes en ce monde, mais on le nommait à l'époque « azurite » (ne pas confondre avec l'azurite actuelle) !

Enfin, les saphirs noirs, symboles de la maîtrise de l'esprit, sont l'apanage des plus grands méditants et des maîtres d'arts martiaux.

La septaria

Ci-contre, un galet de septaria formé de marne (partie grise : roche sédimentaire contenant du calcaire et de l'argile en quantités à peu près équivalentes), d'aragonite brune et de calcite jaune

La septaria n'est pas une espèce minérale, mais un mélange, un agencement naturel de différentes espèces.

L'aragonite, le calcaire et la calcite appartiennent tous les trois à la famille des carbonates de calcium (formule chimique $CaCO_3$), mais ils contiennent en plus d'autres éléments chimiques qui ne sont pas les mêmes dans chaque cas. Par exemple, l'aragonite renferme des traces de zinc, de strontium et de plomb tandis que la calcite peut contenir du manganèse, du fer, du cuivre, du cobalt, etc. Vous l'aurez compris, leur composition n'est donc pas rigoureusement identique et, par conséquent, l'arrangement des molécules et des atomes diffère également !

Ne pensez pas que cela soit sans importance ! Quel point commun voyez-vous entre le diamant et le graphite des crayons de papier ? Aucun ? Vous avez tort, car les deux sont exclusivement composés de carbone (formule chimique C, et c'est tout !). Mais ces atomes de carbone ne se sont pas du tout agencés de la même façon pour ces deux pierres, permettant ainsi la création d'espèces minérales distinctes !

Donc la calcite, le calcaire et l'aragonite ne doivent pas être confondus ! Leurs formes, leurs couleurs ainsi que leurs propriétés physiques et énergétiques ne sont pas les mêmes, en dépit de certains points communs il est vrai.

Pour en revenir à notre septaria, nous pouvons donc dire qu'elle est majoritairement formée de divers carbonates de calcium et d'argile.

Mais elle peut également contenir de la barytine ou de la célestine (deux minéraux de composition assez proche), du gypse, de la pyrite, du quartz... et des fossiles ! En résumé, le terme septaria est générique et regroupe un grand nombre de minéraux imbriqués les uns dans les autres dans des nodules.

Pour comprendre ce phénomène, étudions la formation de cette pierre : il faut plusieurs étapes pour obtenir ce minéral aussi complexe que magnifique.

Tout d'abord, un animal marin (ammonite ou poisson par exemple) meurt et tombe au fond de l'eau. La décomposition de ses tissus mous va entraîner une suite de réactions chimiques qui conduisent à la production de la marne (mélange d'argile et du carbonate de calcium appelé calcaire).

Cette marne forme une coque qui, sous l'action de la décomposition qui tend à se poursuivre, va se craqueler. Les fissures ainsi créées se remplissent alors de différents minéraux (en fonction de ce qui est disponible dans l'environnement proche de la septaria naissante), ceux que je viens d'énumérer ! Et il reste aussi parfois quelques os ou la coquille d'une ammonite (ou d'un autre animal)...

Or, vous vous en doutez certainement, les propriétés varient autant que les septarias :

◊ Septaria barytique : d'un gris assez triste, mais aux petits cristaux de barytine étincelants, elle forme souvent des géodes. Elle augmente la force physique. Mentalement, elle aide à atteindre un but précis en apportant clarté et confiance en soi (si vous êtes un athlète et que vous préparez les Jeux Olympiques, elle est faite pour vous). Spirituellement, elle permet de s'ancrer, de ne pas se disperser. Avec les enfants, il ne faut l'utiliser que s'ils la réclament, s'ils se sentent attirés par elle.

◊ Septaria calcitique et aragonitique (photo en début de chapitre) : le plus souvent originaire de Madagascar. C'est la pierre parfaite pour se remettre des pires chocs émotionnels et affectifs. Elle apaise l'esprit, permettant ainsi de reprendre son contrôle et, en même temps, pousse à s'organiser pour se remettre en selle. Elle apporte une force de volonté peu commune, mais sans débordements, en douceur et dans le calme. Maîtrise et organisation sont les mots qui caractérisent le mieux son effet. Elle est bénéfique aux os et aux muscles et convient tout à fait aux enfants.

◊ Septaria calcitique à calcite blanche et parfois sélénitique en plus (la sélénite n'est autre qu'une variété de gypse) : elle provient principalement du Maroc. Son aspect est plus sombre, elle renferme une puissance originelle, vieille comme le monde. Elle peut protéger du mal ou parfois le faire ressortir (un peu comme l'obsidienne noire...). À prendre avec des pincettes et à éloigner des enfants en général ! Mais si elle vous convient, elle fera une amulette aussi belle qu'efficace contre la magie noire et le mauvais œil. Chaque septaria est unique et doit donc trouver le propriétaire qui lui correspond. Dans le cas contraire, on peut observer des effets inverses à ceux espérés !

L'Afrique ! Terre des origines, terre de chaos et de magie tout à la fois... Ne vous procurez cette septaria que si vous sentez vibrer en vous ce continent !

C'est aussi une pierre d'ancrage pour ceux qui pratiquent les arts martiaux ou les voyages hors du corps, les yogis, etc. Elle favorise la patience et l'endurance.

Septaria du Maroc. Les motifs, très variés, apportent d'autres propriétés à chaque septaria.

Ce spécimen est appelé « septaria oudjat » par les Marocains et il est très efficace pour lutter contre le mauvais œil !

◊ Septaria contenant des fossiles : elle permet l'acceptation de la mort ainsi que l'avancement du processus de deuil. D'autre part, comme le jaspe-picasso, elle donne la force d'aller rechercher ce qui a été oublié, laissé trop longtemps de côté (ses projets, ses idéaux, etc.).

Ce sont là que les variétés les plus répandues et les plus utilisées, mais la liste n'est pas exhaustive. On pourrait écrire sans problème un livre entier sur les septarias !

Des propriétés particulières peuvent s'ajouter aux principales en fonction des motifs présents à la surface des tranches, œufs ou sphères. Par exemple, une septaria calcitique et/ou sélénitique qui présente deux « soleils » qui se touchent ou sont imbriqués l'un dans l'autre, protège le couple du mauvais œil (séparation, stérilité...) ou renforce l'amitié.

Les sphères de septaria (ne contenant pas de fossiles si possible) sont utilisées en feng-shui pour rééquilibrer l'énergie des lieux que l'on veut traiter. Les variétés à calcite et aragonite sont généralement les plus appréciées pour ce travail.

Le nodule peut contenir une géode (cavité remplie de cristaux), mais je déconseille aux personnes débutantes d'essayer de purifier d'autres pierres à l'intérieur, car la présence dans la septaria d'un grand nombre de minéraux (et éventuellement d'os fossiles !) peut perturber des pierres déjà très affaiblies. Les affinités ne sont pas faciles à établir. Ne vous lancez dans cette aventure que si vous êtes très sensible et à l'écoute des champs énergétiques.

Les tourmalines

Ci-contre, tourmalines noires appelées aussi schorl ou schorlite

(polie à gauche, brute à droite)

La tourmaline peut revêtir presque n'importe quelle couleur et être aussi bien opaque que transparente.

Toutes sont efficaces pour lutter contre les ondes néfastes, qu'elles proviennent des technologies récentes (téléphones portables, Wi-Fi, four micro-ondes, téléviseur, etc.) ou de courants énergétiques pathogènes créés par des cours d'eau souterrains, des puits ou des cheminées bouchées... Ce sont des pierres très utilisées en feng-shui, géobiologie et autres thérapies de l'habitat.

Si vous devez fermer un conduit de cheminée par exemple (ce qui perturbe gravement la circulation énergétique), posez une tourmaline à l'intérieur pour qu'elle y reste ou disposez plusieurs petites tourmalines le long des parois dans les pièces adjacentes. Toutefois, le mieux est de ne rien obstruer, car ces pierres ne seront pas éternelles si vous ne pouvez plus y avoir accès pour les purifier si besoin !

Tourmaline placée entre la frisette et la paroi d'une cheminée obstruée

Elles servent également au bannissement des esprits importuns dans les rites de plusieurs traditions à travers le monde, à la protection des invoquants pour ceux qui pratiquent la magie et à l'enracinement lors de la méditation ou des voyages hors du corps. Elles font barrière aux attaques psychiques (envoûtement, influence à distance) et à toutes sortes de mauvais sorts.

Elles isolent les personnes dotées d'une (trop) grande empathie, les protégeant contre le « vampirisme » des gens qui viennent littéralement leur pomper leur énergie.

C'est la variété noire qui reste la meilleure alliée pour remplir ces fonctions.

La tourmaline fait redescendre les énergies vers le chakra basal chez les personnes qui font un travail intellectuel ou qui ruminent beaucoup trop, ou celles qui ont des tocs... Le marbre-picasso et de nombreux jaspes ont aussi cette propriété, mais ils sont, malgré tout, moins efficaces dans ce domaine. L'améthyste, quant à elle, a une action opposée à ces minéraux : elle fait monter les énergies vers les chakras supérieurs.

La tourmaline, même la schorlite, convient aux enfants en général, mais attention tout de même à un usage constant et prolongé qui pourrait les plonger dans une sorte de léthargie (cas rare heureusement).

La tourmaline est une pierre à mettre dans toutes les salles où l'on pratique une thérapie, quelle qu'elle soit, où l'on reçoit des malades, où l'on opère, pour qu'elle évacue les vibrations parasites dues aux problèmes de santé des patients.

Ce que très peu de livres précisent, c'est la différence fondamentale du mode d'action de la tourmaline en comparaison de celui d'autres pierres noires aux propriétés similaires (agate noire, obsidienne...) : la tourmaline dévie et parfois même neutralise la négativité, elle ne l'absorbe pas ! Ce qui fait qu'elle a rarement besoin d'être purifiée si le spécimen choisi est assez puissant et qu'en général, un petit passage sous l'eau de temps à autre sera suffisant.

À gauche, quartz-tourmaline. À droite, tourmaline à inclusion (on aperçoit une pointe de cristal de roche, donc de quartz incolore si vous préférez, à son extrémité).

Les propriétés de la tourmaline demeurent lorsqu'elle est incluse dans du quartz (on parle alors de quartz-tourmaline) ou lorsqu'elle contient elle-même une baguette de quartz (tourmaline à inclusion de quartz).

Je la place devant l'écran de mon ordinateur.

Tout comme pour l'œil-de-tigre mêlé à l'œil-de-faucon, il y a dans ces deux cas particuliers une partie yin et une partie yang qui se créent, entraînant des mouvements d'énergie au sein de la pierre qui s'entretient alors d'autant mieux toute seule, un peu comme une dynamo produit son propre courant !

Le pouvoir de la tourmaline augmente considérablement, des énergies puissantes peuvent alors être neutralisées.

Malgré cela, compte tenu du brouillard électromagnétique toujours plus important qui nous entoure dans ce monde moderne, je passe régulièrement ma tourmaline à inclusion sous l'eau (comme doivent l'être tous les minéraux proches des ordinateurs) bien que l'autopurification soit effective grâce au cristal de roche et je ne laisse jamais l'ordinateur en veille quand je ne m'en sers pas. Mon schorl peut alors « souffler ».

Un autre usage peut être fait de la tourmaline noire en lithothérapie lorsqu'on l'associe au cristal de roche. Pour renforcer l'effet d'une séance, quelles que soient les pierres choisies, il suffit de rajouter un cercle autour du patient en alternant régulièrement une pointe de cristal de roche (pointe dirigée vers le malade) et un bâton de schorl. Si ce dernier possède une pointe naturelle, elle sera dirigée à l'opposé de la personne à traiter, vers l'extérieur du cercle ainsi formé. Il faut disposer au moins 6 pierres de cette façon (3 tourmalines et 3 cristaux de roche). Leur nombre sera toujours pair. Mais, contrairement aux cercles de calcites optiques, les cercles de tourmaline et quartz ne doivent pas être laissés en place plus de 20 minutes, car leur action est moins douce et peut engendrer des effets secondaires tels que maux de tête, léthargie, diminution ou augmentation de la tension artérielle... Néanmoins, ils conviennent aux adultes comme aux enfants, aux plantes, aux animaux, etc.

Cette façon de procéder commence à être connue, mais il existe un usage moins fréquent et tout aussi efficace avec deux options :

◊ Former le cercle seulement avec des quartz-tourmalines et s'ils ont une pointe il faut alors alterner leur direction : une pointe vers le malade, puis la suivante dirigée vers l'extérieur et ainsi de suite. Le nombre de cristaux doit être pair obligatoirement pour parvenir à ce résultat, il faut toujours 6 spécimens au minimum et n'oubliez pas de respecter la durée d'exposition de 20 minutes au plus !

◊ Faire un cercle avec au moins 6 tourmalines à inclusion de quartz, sans autres pierres (ni tourmalines classiques ni cristaux de roche). L'inclusion est à chaque fois dirigée vers le malade et le nombre n'est pas forcément pair, mais le temps de la séance ne doit toujours pas excéder 20 minutes. La difficulté de cette méthode réside dans la rareté des tourmalines à inclusion de cristal de roche bien nette. Bon courage pour en trouver six !

La turquoise

Tout d'abord, il faut préciser qu'elle coûte assez cher. La plupart des turquoises que l'on vend sur le marché sont des howlites, des dolomites, des calcites ou des magnésites teintées, quand il ne s'agit pas tout simplement de verre. Un splendide bracelet de Turquoise à 2 euros est une arnaque et non pas une bonne affaire !

Ensuite, la turquoise naturelle est poreuse et s'effrite. Il est quasiment impossible de la travailler. Elle subit donc plusieurs traitements chimiques pour la rendre plus résistante avant de pouvoir être polie avec, entre autres, une imprégnation de résine pour boucher les pores. En général, la pierre survit à ces traitements, mais ses pouvoirs peuvent en être altérés, tout dépend des spécimens, il faut donc être très réceptif aux vibrations pour bien choisir une turquoise. Pour savoir si elle a reçu un traitement par la résine il faut chauffer une aiguille au rouge et, si celle-ci s'enfonce à la surface comme dans du plastique, il y a bien présence de résine.

Enfin, n'achetez jamais une turquoise « chalk », car il s'agit de poudre agglomérée grâce à de fortes quantités de résine, ni de turquoise synthétique (dont la surface vue au microscope a un aspect granuleux, semblable à de la semoule). Elles n'ont aucun pouvoir !

Vous l'aurez compris, trouver une véritable turquoise, n'ayant pas subi de trop lourds traitements qui plus est, ne sera pas de tout repos ! Il vous faudra mettre la main sur un passionné, respectueux de ses minéraux...

Encore une dernière chose : la véritable turquoise, avant d'être traitée, n'a pas une couleur très vive. Avec le temps, elle peut même prendre une coloration verte assez laide, il faut bien l'avouer. Mais cela n'enlève rien à ses propriétés. Pour savoir si votre pierre est colorée (même s'il peut s'agir d'une vraie turquoise), frottez-en doucement une petite partie avec de l'acétone. Le colorant restera sur votre chiffon (que vous aurez choisi blanc et en fibres naturelles évidemment).

Quand, après un parcours du combattant mémorable, vous aurez enfin mis la main sur une turquoise brute ou légèrement traitée, au sommet de sa forme, vous pourrez profiter des propriétés suivantes : elle harmonise le méridien du foie, surtout pour la variété verte du Tibet, mais c'est aussi valable pour la variété bleue, plus commune. Dans une moindre mesure, la turquoise bleue agit aussi sur les méridiens du rein et de la rate.

Vous pouvez donc compter sur cette pierre pour soulager le foie, éliminer les toxines de l'organisme, soigner le psoriasis, les rhumatismes et les troubles de la vision, la tension oculaire, etc. Certains l'utilisent aussi contre le zona...

Portée sur soi, elle peut également nous protéger des ondes néfastes de notre environnement dues aux appareils (four, téléphone, ordinateur, ampoule fluocompacte, etc.), elle éloigne certains esprits et détourne les envoûtements. Il est intéressant de le noter, car, en général, les minéraux ayant ces pouvoirs sont de couleur noire.

Autres attributs intéressants : elle débloque la parole, soigne les troubles de l'élocution et du langage. Dans certains rituels néo-chamaniques, pour atteindre ces buts, elle est associée à des plumes de perroquets (Gris du Gabon de préférence), de pie ou de corbeau, autant d'oiseaux ayant la faculté de parler.

La turquoise est donc la pierre des orateurs, mais aussi celle des artistes dont elle développe le sens esthétique et des gens qui veulent faire le tri dans leurs relations, se débarrasser des manipulateurs et profiteurs en tout genre. Elle fait également passer les envies de suicide.

Elle apprécie tout particulièrement les cavernes et les séjours dans la terre pour se purifier, mais elle est difficile à régénérer. Abîmée et ternie, elle se remet rarement. Il faut alors la rendre à la terre pour toujours et, surtout, ne plus la porter ni s'en servir !

Avertissement :

Les turquoises ne sont pas les seuls minéraux qui subissent des traitements lourds et néfastes (autant pour eux que pour les gens qui s'en servent). Quand vous achetez une pierre polie, il faut vous assurer des méthodes qui ont été employées lors du polissage. Le mieux est un simple polissage mécanique dans un appareil appelé tonneau à polir.

Mais certains utilisent des cires ou des huiles qui ne sont pas du tout naturelles ! Même les produits vendus sur internet ou par des professionnels et étiquetés « à la cire d'abeille » peuvent être de véritables poisons. En effet, pour rendre cette cire un tant soit peu malléable, voire carrément liquide, il faut lui ajouter un solvant. Dans le meilleur des cas, il s'agira de térébenthine, et je ne vous parle même pas des autres solvants chimiques qui sont encore plus mauvais pour la santé et l'environnement !

Je vous recommande donc la plus grande prudence, vous ne devez pas acheter vos minéraux les yeux fermés, surtout si vous comptez faire des élixirs avec ! En cas de doute, appliquez le protocole décrit au chapitre de la malachite (pour que la pierre ne soit pas directement au contact de l'eau).

Vous pouvez aussi vous procurer des spécimens bruts (sauf pour les minéraux toxiques), ce qui règle le problème ! En plus, ils vous coûteront moins cher que ceux qui sont polis.

Et si vous tenez absolument à faire briller quelques exemplaires, en tapant « tonneau à polir » sur internet vous trouverez des tas de sites vendant du matériel de minéralogie pour tailler, râper, polir, graver, etc. De quoi vous occuper pendant quelques années...

Pierres et méridiens

Avertissement

Ces informations ne sont données qu'à titre indicatif, car un changement naturel de teinte de n'importe quel minéral par rapport à sa couleur habituelle peut modifier radicalement son influence sur un méridien. De même, l'inclusion d'une pierre dans une autre peut bouleverser ses propriétés (une amétrine par exemple est totalement à part, elle n'accumule pas vraiment les vertus de l'améthyste et celles de la citrine).

Et, comme je l'ai expliqué à la fin du chapitre sur la howlite, la cause doit toujours être recherchée, car un même symptôme peut provenir de dérèglements de méridiens différents et donc les pierres utilisées ne seront pas les mêmes dans chaque cas. Ceci explique les variations notables qui peuvent parfois être observées entre les individus. Néanmoins, vous trouverez dans les paragraphes suivants une bonne base pour débuter si les liens entre les minéraux et la médecine chinoise vous intéressent.

Le plus important est de ne jamais tomber dans le piège de la croyance en une recette toute prête et applicable à n'importe quel individu !

Le meilleur moyen de s'assurer qu'une pierre convient à un patient est d'examiner les variations éventuelles de ses pouls (comme savent le faire les praticiens de la médecine traditionnelle chinoise) lorsqu'il reste en contact avec la pierre.

D'autres méthodes existent, mais elles font appel à une certaine capacité de médiumnité de la part du thérapeute ou de la personne qui tente de se soigner elle-même (par exemple : voir les variations de texture et de couleur de l'aura du malade lorsqu'il porte un minéral donné). Vous l'aurez compris, il y a plus de risque de tomber sur des imposteurs si l'on se tourne vers ces méthodes.

Différents types de tests musculaires peuvent aussi être utilisés pour orienter son choix, mais il faut y avoir été formé par un praticien compétent, car l'exercice est plus compliqué que ce qu'on vous laisse croire dans les ouvrages qui en parlent !

Méridiens et pierres

Rate / Estomac :

◊ labradorite jaune (très rare)

◊ jaspe-picasso,

◊ jaspe jaune ou brun,

◊ ambre,

◊ malachite,

◊ turquoise,

◊ mookaïte simple ou bréchique

◊ autres couleurs de jaspe possibles en fonction des patients et des résultats obtenus.

Rein / Vessie :

◊ Jaspe-picasso,

◊ labradorite,

◊ tourmaline (surtout la noire),

◊ quartz-tourmaline,

◊ agate noire,

◊ cyanite (disthène),

◊ aragonite,

◊ chalcopyrite,

◊ turquoise bleue,

◊ rose des sables,

◊ howlite,

◊ jade (jadeïte),

◊ néphrite,

◊ hématite.

Foie / Vésicule biliaire :

◊ labradorite (surtout la variété jaune),

◊ œil-de-tigre,

◊ fuchsite,

◊ malachite,

◊ turquoise verte (de préférence) ou bleue,

◊ mookaïte simple ou bréchique,

◊ hématite (surtout si troubles du rein associés).

Coeur / Intestin grêle et Maître du cœur :

◊ fuchsite,

◊ labradorite,

◊ amétrine,

◊ aventurine verte,

◊ saphir,

◊ kunzite,

◊ howlite,

◊ tourmaline rose, verte ou rose et verte ;

◊ si trouble du cœur associé à un trouble de la rate/pancréas, essayer le jaspe (nombreuses couleurs possibles en fonction de la préférence du malade et des résultats obtenus).

Poumon / Gros intestin :

◊ œil-de-tigre mêlé à un œil-de-faucon ;

◊ si trop de froid et d'humidité : œil-de-tigre seulement ;

◊ si chaleur : œil-de-faucon seulement ;

◊ améthyste,

◊ aragonite bleue ou verte.

◊ triple réchauffeur : œil-de-tigre mêlé à un œil-de-faucon, amétrine, saphir ;

◊ chez certains malades lapis-lazuli et/ou mookaïte également.

Les restauratrices de l'aura en général :

◊ labradorite,

◊ cyanite (disthène),

◊ chiastolite (qui fait partie de la même famille que la cyanite),

◊ chalcopyrite,

◊ aragonite,

◊ tourmaline,

◊ obsidienne noire, araignée ou mentogochol (seulement pour ceux qui en supporte la puissance !),

◊ calcite optique,

◊ mookaïte bréchique.

Quel usage ?

Toutes les idées sont bonnes : porter la pierre en bague sur le méridien correspondant (s'il se situe au niveau d'un doigt de la main), en pendentif, la poser près de soi pour dormir (sous l'oreiller s'il est en matières naturelles) ou sur soi lors de séances de lithothérapie... Pour stimuler les méridiens des membres inférieurs, on peut la coincer entre les doigts de pied !

Certains minéraux peuvent être portés des heures durant, il convient de les laisser se réchauffer contre la peau et agir peu à peu. D'autres au contraire doivent être enlevés dès qu'ils sont chauds, car ils arrêtent alors d'être efficaces. C'est au malade de ressentir quelle approche lui est la plus bénéfique. Encore une fois, un thérapeute, de type acupuncteur par exemple, peut aussi le conseiller en tenant compte de l'état de ses pouls (la médecine chinoise parle non pas d'un seul pouls, mais de plusieurs, et détecter leurs variations demande un long et patient apprentissage).

Les associations de pierres en bijouterie

Vous ne savez pas quel bracelet ou collier offrir ? Voici les associations qui marchent pour les humains comme pour les animaux :

Santé

◊ *Détoxication :*

Malachite + tourmaline noire ou verte + turquoise.

Et après, pour fortifier le corps, l'aider à reprendre le dessus : Œil-de-tigre + hématite.

◊ *Aider à atténuer les symptômes d'un empoisonnement récent (vomissements, diarrhée, démangeaisons dues à des produits nocifs...), en complément des traitements de la médecine allopathique :*

Howlite + abalone (nacre) + turquoise ou malachite ou tourmaline ou quartz-tourmaline.

Ces associations correspondent à ce que l'on pourrait appeler la phase aiguë tandis que l'association « détoxication » ci-avant sert à gérer les intoxications anciennes et difficiles à éliminer (notamment pesticides et métaux lourds).

◊ *Maladie incurable ou longue et grave, épuisement total du corps :*

Jaspe du Kalahari ou jaspe jaune + boji +turquoise, ou éclogite + épidote (appelée aussi unakite) + opale noire.

◊ *Élimination au niveau des reins, calculs rénaux :*

Jade (jadeïte) + néphrite.

◊ *Maux oculaires :*

Œil-de-faucon + turquoise, ou malachite + turquoise.

◊ *Problèmes de calcification ou fracture :*

Jaspe-picasso + howlite + calcite blanche ou bleue (+ aragonite bleue ou verte si la colonne vertébrale est touchée) .

◊ *Dépression, tentative de suicide ou comportement malsain :*

Turquoise + aragonite bleue ou verte + tourmaline.

◊ *Fertilité, grossesse et accouchement :*

Sang d'Isis (cornaline rouge et précieuse, assez rare) + agate, ou mica très sombre (noir si possible, mais rare aussi malheureusement) + agate + pierre de lune.

◊ *Sortie et santé des dents du bébé :*

Ambre + calcite blanche ou bleue.

◊ *Hypo-immunité, infections à répétitions :*

Aragonite (surtout blanche, mais les autres variétés conviennent également) + agate dite blue lace + calcite rouge ou jaspe orbiculaire ou mookaïte. ou mookaïte + agate mousse. Certains guérisseurs utilisent aussi le quartz fantôme (cristal contenant un autre cristal à l'intérieur), en particulier pour aider le système immunitaire des enfants à parvenir à maturité.

◊ *Hyperimmunité (allergie, asthme, maladies auto-immunes, intolérances...) :*

Aigue-marine + chrysoprase + apophyllite. La howlite donne aussi des résultats, mais cela dépend des personnes : howlite + jaspe brun et gris (+ marbre éventuellement). Tous les troubles immunitaires de types hypo ou hyper peuvent aussi s'améliorer avec la tourmaline multicolore.

◊ *Coup de soleil, coup de chaleur :*

Aigue-marine + aventurine verte.

Famille

◊ ***Femme de caractère, qui aime la vie, femme jusqu'au bout des doigts, passionnée :***

Fuchsite + rubis ou tourmaline verte + grenat.

◊ ***Femme discrète et coquette :***

Agate bleue naturelle (dite agate blue lace) + jaspe-picasso.

◊ ***Femme trop autoritaire :***

Fuchsite + jaspe-picasso, ou fuchsite + howlite.

◊ ***Femme trop timide :***

Onyx + jaspe rouge, ou onyx + grenat, ou fuchsite + jaspe rouge.

◊ ***Père de famille ou homme très en contact avec la nature, la terre, homme équilibré :***

Onyx + jaspe.

◊ ***Homme autoritaire ou stressé, qui doit apprendre à laisser-aller, macho :***

Fuchsite + jaspe.

◊ ***Homme timide qui doit apprendre à s'imposer, ou trop sensible :***

Onyx + hématite.

◊ ***Développement harmonieux des enfants sur tous les plans :***

Aragonite bleue ou verte + stéatite (variété de gypse dont on tire le talc), ou aragonite bleue ou verte + howlite.

Autre

◊ ***Désenvoûtement :***

Obsidienne + quartz incolore (cristal de roche) + tourmaline. Et, éventuellement, œil-de-tigre ou de faucon en supplément, selon votre goût. Si ça ne marche pas, essayer de remplacer l'obsidienne ou la tourmaline par le jais ou l'agate noire.

◊ *Chercheur dans le domaine de la spiritualité, croyant, personne en cours d'initiation :*

Jaspe jaune ou jaspe du Kalahari pour l'endurance + larimar ou lapis-lazuli ou saphir bleu pour ouvrir au Divin.

◊ *Chercheurs et étudiants :*

Chalcopyrite + howlite.

◊ *Artistes :*

Labradorite très irisée + turquoise, ou opale naturelle la plus irisée possible + turquoise. Certains rajoutent ou non, selon leur choix, du jaspe-picasso.

◊ *Orateur, conférencier, avocat, enseignant, chanteur ou personne souhaitant améliorer son aisance à l'oral ou soigner des problèmes de voix (enrouements...) :*

Turquoise + sodalite. On peut y ajouter une cornaline, mais elle n'agit pas directement sur la voix, elle renforce plutôt la confiance en soi. Attention, car elle est déconseillée aux hypertendus !

◊ *Sceller une amitié ou s'engager dans une mission humanitaire :*

Quartz rose + saphir, ou rhodonite + saphir.

◊ *Thérapeute (par la médecine allopathique ou toute autre méthode) :*

Labradorite + tourmaline noire.

◊ *Pratiquant de yoga ou d'arts martiaux :*

Aragonite bleue ou verte + howlite.

◊ *Protéger les animaux des tiques et des puces :*

il n'existe pas de pierres qui puissent les protéger totalement, mais j'ai déjà rencontré plusieurs personnes qui leur font porter avec succès un collier d'Ambre pour éloigner les puces et un collier d'améthyste pour éloigner les tiques et éviter qu'ils soient contaminés par les maladies dont elles sont porteuses. Pourquoi ne pas unir ces deux minéraux sur un même collier ? Si l'animal attire peu ces parasites, le port du collier associé à quelques produits naturels répandus sur le poil suffira. Sinon il permettra d'espacer le renouvellement des pipettes antiparasitaires qui sont néfastes à la santé (insecticides) et à l'environnement.

Les pierres et les Runes

Je ne vous expliquerai pas comment vous servir des runes à des fins divinatoires ou autres (amulettes, sorts...), car de nombreux livres l'ont très bien fait avant moi. Je vais juste vous faire part d'une information qui peut vous intéresser : associer une rune à une pierre qui lui correspond donne une force supplémentaire à votre entreprise !

Le système de correspondances que je vous propose dans ce chapitre n'est qu'une possibilité parmi d'autres. À chaque rune peuvent s'associer plusieurs minéraux, et vice-versa, mais on ne peut pas pour autant faire n'importe quoi, au risque de perturber le « jeu » qui devient alors inutilisable.

Les propriétés ne sont données que succinctement pour tenter de vous faire percevoir le lien entre la pierre et sa rune. Ce tableau n'est en aucun cas suffisant si vous ne connaissez rien à l'utilisation de cette ancienne écriture ! Reportez-vous aux ouvrages de votre choix pour en apprendre les bases ou, encore mieux, trouvez quelqu'un pour vous initier.

Les runes peuvent être associées aux pierres de différentes façons :

- Le coffret contenant les minéraux peut être décoré de runes pour les protéger et les purifier.

- Ou, autre usage possible, chaque rune peut être gravée sur la pierre qui lui correspond, mais il ne faut pas toutes les garder ensemble dans un même sac de peur qu'elles ne s'abîment. Mieux vaut les ranger dans les compartiments séparés d'une boîte.

Pour distinguer facilement le bas du haut de chaque symbole (car certains sont symétriques), il faut faire un trait, un point ou tout autre signe du côté indiquant le bas.

Il existe également d'autres possibilités d'associations entre les runes et les minéraux. Certains utilisateurs du Futhark (alphabet runique germanique) gravent toutes les runes sur des pierres identiques. Ils obtiennent ainsi un « jeu » de 24 améthystes par exemple, ou 24 cristaux de roche, chacun portant un symbole. Le choix ne se fait pas du tout sur les mêmes critères que ceux expliqués dans le tableau ci-avant.

Soit on utilise un seul lot de runes et il faut alors les graver sur la pierre qui nous correspond le plus autant par son symbolisme, sa couleur, etc. Soit on se fabrique autant de jeux que de « domaines » de divination et chacun sur une variété de pierres. Par exemple, lorsque l'on posera une question en rapport avec le monde physique ou matériel (maladie physique, travail...), on utilisera des runes gravées sur du Jaspe brun ou rouge ou tout autre minéral très enracinant. Pour ce qui appartient plus au monde du mental ou de l'émotionnel, le Futhark sera écrit sur des turquoises. Pour ce qui concerne l'amour sous toutes ses formes, le maître du tirage optera pour la rhodonite ou le quartz rose. Le lapis-lazuli correspondra très bien aux consultants engagés dans la recherche spirituelle ou à ceux qui ont un pied dans l'Invisible (claire-voyants...).

À chacun de faire ses expériences. Vous remarquerez vite que de nombreuses alliances sont efficaces.

Si vous n'arrivez pas à vous décider, gravez vos runes sur des cristaux de roche pour débuter, car ils peuvent convenir à toute question. Dans ce cas particulier, ils pourront être rangés tous ensemble dans un sac en fibres naturelles ou dans une boîte, car ils sont de la même espèce minérale. Attention toutefois aux chocs !

Si vous n'avez pas le matériel adéquat pour marquer des minéraux assez durs, utilisez de la stéatite : une simple pointe de compas suffit à l'entamer. Certains utilisent aussi l'ivoire végétal, mais il est plus dur et il est préférable d'y tailler des amulettes issues des peuples d'Amérique du Sud. Y graver l'écriture des peuples d'Europe du Nord n'a pas vraiment de sens. Cela ressemble fort à une soupe New Age indigeste...

Runes sur stéatite appartenant à l'auteure

Vous trouverez facilement de la stéatite dans les foires aux minéraux, sur internet ou dans des magasins spécialisés dans les activités manuelles de loisir, car de plus en plus de personnes apprennent à la sculpter pour fabriquer de petits objets décoratifs. Une fois les runes creusées dans ces pierres de talc, il faut les enduire de savon noir (cela évite l'emploi d'huiles et de cires toxiques) puis les laisser sécher plusieurs jours d'affilée dans un lieu sec (surtout ne pas rincer le savon, il va être aspiré dans la stéatite poreuse et friable et la rendra plus belle et résistante).

Puis, repassez les symboles pour les faire ressortir avec une fine plume de calligraphie et de l'encre ou tout autre liquide qui conviendra au fabricant. Certains utilisent par exemple du charbon végétal en poudre dilué dans un peu d'eau, de l'ocre...

Dans tous les cas il convient de fabriquer les runes en respectant leur ordre d'apparition dans le Futhark (ordre suivi dans le tableau des correspondances avec les pierres ci-avant) et en pensant à la signification de chaque symbole au fur et à mesure. Ceci constitue le premier degré d'activation. Pour votre culture générale, sachez que les peuples qui ont utilisé les runes renforçaient encore cette activation en mêlant quelques gouttes de leur sang à la matière dont ils se servaient pour repasser les symboles, pour les faire ressortir. Parfois même il ne s'agissait que de sang, toujours celui de l'utilisateur, ce qui rendait le jeu on ne peut plus personnel d'ailleurs. Certains maîtres des runes procèdent encore ainsi de nos jours.

Le jeu, fabriqué ou acheté, n'a pas forcément besoin d'être consacré (mais il doit être purifié si vous l'avez acheté ou qu'il a appartenu à quelqu'un avant vous). Cela dépend de la foi de son utilisateur. Certains font bénir leur Futhark par une personne considérée comme importante dans la religion à laquelle ils appartiennent (prêtre par exemple). D'autres le consacrent eux-mêmes, mentalement, en le tenant dans leurs mains et en pensant à son but, son emploi pour les aider à se diriger dans leur vie. Un tel acte est conseillé, mais pas obligatoire.

Chez les néo-païens, une consécration assez répandue est celle tirée des textes sacrés des anciens peuples scandinaves : réciter sur les pierres la phrase suivante : « Thorr vigi runar » (« Que Thor consacre ces runes »). Thor étant un dieu bienfaisant de leur mythologie, celui qui se servait de son marteau autant pour vaincre ses ennemis que pour bénir toutes sortes d'objets et d'êtres.

En dehors de toute activité de voyance, les runes associées à la tourmaline font de puissantes amulettes. Celles qui se trouvent sur le quartz rose scellent l'amour. La pierre de lune protège la femme enceinte si l'initié sait quels symboles y incruster, etc.

IMPORTANT

La divination laisse libre celui qui questionne, vous ne devez pas devenir dépendant, sinon il vaut mieux tout arrêter.

Pour toute question que vous seriez amené à poser, il n'y a pas de réponse toute faite qui refléterait de surcroît une vérité unique et absolue (combien de gens se ruent sur des voyants de toutes sortes sans avoir conscience de cette règle fondamentale !) : tout « jeu » de divination vous permet de trouver en vous vos propres solutions. Les symboles (runes, lames de tarot, hexagrammes du Yi-Jing, etc.) projettent et attirent des vibrations, ce qui leur permet de vous orienter. Ils doivent vous montrer la situation présente dans toute sa réalité, même si celle-ci ne fait pas plaisir à regarder, vous mettre en garde contre l'issue qui s'en suivra, tout phénomène ayant des conséquences, et vous conseiller sur le choix le plus judicieux à appliquer pour que tout se passe au mieux. Il ne s'agit que d'un conseil parmi d'autres, pas de la Vérité Divine dans toute sa splendeur !

Les Chinois, avec leur fameux Yi-Jing si mal compris par les Occidentaux, connaissent bien ces principes contrairement aux illuminés divers et variés qui peuplent notre beau continent...

Les runes incitent
Elles n'obligent pas
Simplement elles invitent
À se pencher sur soi.

Conclusion

Que puis-je ajouter maintenant si ce n'est que j'espère que ce livre vous a émerveillé, instruit, ou vous a plu tout simplement ?

À notre époque de désinformation grandissante, chacun doit comprendre qu'il est primordial de développer son esprit critique dans tous les domaines pour lesquels il se passionne.

J'ai tenté de vulgariser les connaissances acquises durant mes études de biologie et géologie pour vous montrer les pièges dans lesquels il faut éviter de tomber concernant le monde minéral. De nombreux lithothérapeutes et gourous autoproclamés sont trop ignorants des bases de la minéralogie pour pouvoir comprendre efficacement le monde dit « de la pré-vie » et guider les malades et les quêteurs d'initiation, même si, d'un autre côté, un savoir scientifique trop poussé n'est absolument pas nécessaire à une juste pratique.

Par ailleurs, le courant New-Age – que je ne critique pas, car il présente aussi des avantages et a conduit à une avancée certaine de l'humanité dans bien des domaines – produit de plus en plus souvent un méli-mélo insipide et non fonctionnel notamment au sein des diverses thérapeutiques rentrant dans le champ de ce que l'on appelle la naturopathie.

L'emploi ésotérique des pierres et la lithothérapie vulgarisés subissent actuellement un manque de plus en plus criant de rigueur. À force de proclamer que toutes les traditions se valent et mènent au sommet de la montagne - même si c'est en empruntant des chemins différents - les courants se sont mélangés et la foire au « grand-n'importe quoi » a officiellement ouvert ses portes. Dans ce capharnaüm sans précédent les avancées deviennent quasi impossibles puisque chacun ne se rattachant à rien de précis, tout le monde ou presque a perdu son identité et s'il n'y a pas de sujets distincts, il n'y a pas de dialogue possible. Il existe une différence importante entre le fait de proclamer que la tradition à laquelle on appartient est la seule à détenir la vérité et le fait d'affirmer que tout est juste, que tout se vaut et qu'il est permis de faire n'importe quoi en tout domaine !

Si vous parvenez à allier savamment connaissances scientifiques basiques, rigueur ésotérique et saine curiosité insatiable, alors vous serez capable de faire progresser entre autres la lithothérapie, de contribuer à rapprocher science conventionnelle et approche énergétique et d'éviter les pièges des gens bien malins qui profitent sans hésitation de l'ignorance des autres pour leur vendre du plastique ou du verre à la place de véritables minéraux.

« Certains, faute de réelles capacités, pratiquent la médiocrité. Ceux-là, le système les aime, car il peut les manipuler à sa convenance et à son intérêt. »

Hubert Ferbus, photographe

Remerciements

Un grand merci à mes pierres, ces inspiratrices.

Je remercie également Xavier, pour sa connaissance des runes et pour son aide dans l'utilisation des technologies avec lesquelles je ne suis pas du tout à l'aise (appareil photo numérique et ordinateur) ! Sa patience devant le cas désespéré que je suis mérite d'être saluée.

Merci à tous mes professeurs de géologie du lycée et de l'université pour mes premiers pas dans le monde minéral et, pour l'approfondissement des connaissances scientifiques aussi bien qu'ésotériques, ma gratitude va aux propriétaires de Magic Minéraux à Kaysersberg (68) et aux exposants qui se tiennent chaque année à Sainte-Marie-aux-Mines (68) lors de la célèbre Bourse aux Minéraux "Mineral & gems".

Ce livre n'a pu être écrit que grâce aux précieuses informations fournies par leur soin au fil des ans et des achats sur l'histoire, la chimie, les pouvoirs et la structure des pierres. Ils sont toujours prêts à partager leur érudition et à trouver une solution à vos demandes.

Que soient également remerciés les propriétaires de l'atelier Depierre de Vexaincourt (88) pour les spécimens uniques qu'ils proposent ainsi que pour la sympathie et l'attention qu'ils accordent à leurs clients.

Enfin, je tiens à remercier toutes les personnes qui ont contribué à l'élaboration de ce livre par leurs conseils, par les réflexions qu'elles ont fait naître en moi, par les tests réalisés chez elles (je sais que je les retrouverai à l'autre bout de la chaîne, à me lire)... Mais aussi la maison d'édition qui a accepté de publier cet ouvrage ainsi que tous mes lecteurs, car sans le trio auteur/éditeur/lecteur il n'y a pas de livre.

Ici finit le livre, mais non la quête.

Table des matières

Patrick Guerin
Magie d'Influence et de Contrôle
Editions BUSSIERE

Patrick Guérin
Magie d'Influence pour l'amour
Editions BUSSIERE

Patrick Guérin
Rituels Magiques
Auto-Protection et Pratique
Editions BUSSIERE

Chanceland
Le Pouvoir des Runes et des Mots Runiques
Editions BUSSIERE